本书系中央高校基本科研业务费专项资金（NJ20150040，NR2016021）和江苏高校国际问题研究中心基金的阶段性成果。

GUOJI ZUZHI YU QI CHENGYUAN JIAN DE
FALÜ ZEREN WENTI YANJIU

国际组织与其成员间的法律责任问题研究

罗 超 著

中国政法大学出版社

2017 · 北京

图书在版编目（CIP）数据

国际组织与其成员间的法律责任问题研究/罗超著. —北京:中国政法大学出版社,2017.9
ISBN 978-7-5620-7669-8

Ⅰ.①国… Ⅱ.①罗… Ⅲ.①国际法—组织法—研究 Ⅳ.①D993.9

中国版本图书馆CIP数据核字(2017)第201514号

出 版 者　中国政法大学出版社
地　　址　北京市海淀区西土城路 25 号
邮寄地址　北京 100088 信箱 8034 分箱　邮编 100088
网　　址　http://www.cuplpress.com（网络实名：中国政法大学出版社）
电　　话　010-58908586(编辑部)　58908334(邮购部)
编辑邮箱　zhengfadch@126.com
承　　印　固安华明印业有限公司
开　　本　880mm×1230mm　1/32
印　　张　6.625
字　　数　180 千字
版　　次　2017 年 9 月第 1 版
印　　次　2017 年 9 月第 1 次印刷
定　　价　28.00 元

目录

1 绪论

1.1 选题的意义

1.1.1 理论价值

对于现代国际法与第二次世界大战之后的国际社会而言，[1] 国际组织的兴起与蓬勃发展无疑是其最显著的特征之一。据统计，经过将近一个世纪的发展，政府间国际组织已由 1909 年的 37 个，发展到了 2000 年的 3472 个；而非政府间国际组织，也由 19 世纪 30、40 年代的 170 个，发展到了 2000 年的近 50 000 个。[2] 目前，国际社会中各类影响较大的国际组织已达 58 000 多个，其中政府间组织超过了 7000 个，非政府间组织更是超过了 51 000 个。

随着国际组织影响与作用的不断加强，其行为、活动、形

〔1〕 诚如有国际法学者所言，第二次世界大战后建立的联合国，是国际社会组织化的决定性步骤。See Bruno Simma, *From Bilateralism to Community Interest in International Law*, Recueil des Cours, 1994, Ⅵ, pp. 257 ~ 258.

〔2〕 刘德斌主编：《国际关系史》，高等教育出版社 2003 年版，第 524、529 页。

态与制度，业已成为当代国际关系的新内容，成为调整和促进国际关系变化、发展的新形势，这也将成为未来全球化过程中必然的发展趋势。“国际组织数量的激增及其职权的相继扩大，使全世界彼此影响的各式各样的国际组织已经形成一个巨大的‘国际组织网’，出现了国际社会进一步组织化的新趋势。”〔1〕

20 世纪后半叶，国际法学界探讨着国际组织是否构成国际法的主体，及其究竟是怎样的一种主体地位。〔2〕数十年之后的今天，国际组织在国际社会的地位、对国际法的影响已经成为不争的事实，“作为国际法的一个分支的国际组织法，现在已经完全确立了”。〔3〕国际法对国际组织的调整是必然的、现实的需要，而究竟应当怎样调整则是当下摆在国际法学者面前的课题之一。“国际组织的扩增使国际组织在国际关系中占有一定的重要地位，这就在国际法上提出了许多问题，使传统的国际法发生了变化。”〔4〕

---

〔1〕 梁西著，杨泽伟修订：《梁著国际组织法》，武汉大学出版社 2011 年版，第 349 页。

〔2〕 以《奥本海国际法》为例，一战之前的版本中几乎没有关于国际组织的论述。一战之后，国际联盟的成立，促使作者在其新版中探讨了国际联盟有关国际法的问题。二战之后，联合国的建立，又促使作者将其作为非常重要的一部分内容，加以详细而集中的阐述。到了劳特派特修订的第 8 版，有关国际组织的内容明显加强，除保留之前版本中的内容外，还专设“国际社会的法律组织”一章，并附有“关于国际合作和行政的专门机构”作为附录之一。最近的第 9 版中之所以没有关于国际组织的专门章节，乃是因为詹宁斯和瓦茨两位修订者认为，用一章的篇幅已不足以涵盖国际组织的内容，而是需要整个一卷。“‘平时法’部分……将‘国际组织’一章删去，而准备将国际组织法留作本书第三卷。”［英］詹宁斯、瓦茨修订：《奥本海国际法》（第 1 卷第 1 分册），王铁崖等译，中国大百科全书出版社 1995 年版，第Ⅴ页。

〔3〕 饶戈平主编：《国际组织法》，北京大学出版社 1996 年版，王铁崖所作序言。

〔4〕 饶戈平主编：《国际组织法》，北京大学出版社 1996 年版，王铁崖所作序言。

随着有关国际组织实践的不断开拓与深化，丰富多彩的国际组织法著作也层出不穷，国际组织的责任问题应运而生，并受到了广泛关注。“这个问题不仅对国际组织是重要的，而且间接地对国家来说也具有重要的意义，因为关于国际组织责任的法律的发展也会影响关于国际责任的法律。”〔1〕

与国家相比，国际组织具有自身独特的属性。在国际责任法方面，尽管国际组织的责任问题与国家责任问题存在一定的相似性，但毫无疑问，前者也具有自身独有的一些规则、制度、价值理念和法理基础。在归纳出二者相似性的前提下，深入开展国际组织责任特殊性问题的研究，对于国际组织法、国际责任法乃至整个现代国际法都具有显著的理论意义和价值。

近年来，具有较高学术价值的国际组织法著作不断涌现，国内外许多国际法知名学者都对国际组织的责任问题给予了高度关注和深入研究，这也从另一个方面印证了本书所具有的学术意义。

2011 年，联合国国际法委员会（International Law Commission）第 63 届会议二读通过了《国际组织的责任条款草案》（Draft Articles on the Responsibility of International Organizations），这既是国际组织责任法的最新发展动态，更为本书的研究提供了最新的依据和对象。

1.1.2 实践意义

国际法的研究本身就与相应的国际实践、国家实践以及法律实践紧密相连，国际组织责任法的研究也莫过于此。对于前

〔1〕［英］詹宁斯、瓦茨修订：《奥本海国际法》（第 1 卷第 1 分册），王铁崖等译，中国大百科全书出版社 1995 年版，第 429 页。

者的研究离不开相关国际社会、国际组织和国家的实践，以及国际、国内法庭的司法案例；反之，对于国际组织责任规则、制度和理论的研究，又可以进一步在有关实践中发挥作用，尤其是对今后国际组织自身的活动和实践更加具有借鉴意义和价值。

就国际关系中的大国外交而言，国际组织外交已经成为大国对外关系行为和实践的重要组成部分，其内涵既包括大国对待国际组织的态度及其在国际组织框架内的多边合作行为和治理实践活动，也包括大国与国际组织及其规则、制度之间的双向互动关系。[1]可以认为，鉴于国际组织在当今世界中的地位与作用，国家外交已经与国际组织的实践密不可分。

就中国的国际组织外交实践而言，无疑已经经历了由疑虑隔阂到有限参与再到积极合作的一段长期的历史发展过程。以中国对联合国维持和平行动的分摊会费比例为例，1998 年～2000 年为 0.9%，2001 年～2003 年上升至 1.91%，2004 年～2006 年又从 1.54%上升至 2.05%，2013 年更是达到了历史新高的 5.15%，会费毛额约 1.45 亿美元。[2]与此分摊义务相对应的是，中国在联合国的作用与话语权不断加强，并逐渐发展成为联合国体制内一支举足轻重的力量。

可以预见的是，随着国际组织在国际社会中扮演越来越重要的角色，以及中国在联合国等国际组织中地位的不断提升，深入研究以国际组织责任法为代表的一系列国际组织法上的问题，对于国际社会、国际组织以及中国的相关实践都势必产生

〔1〕 参见武心波主编：《大国国际组织行为研究》，上海人民出版社 2010 年版，前言。

〔2〕 参见联合国官方网站：http://www.un.org/zh/members/contribution.shtml，2013 年 9 月 20 日访问。

重要的意义。

1.2 国内外研究现状

总体而言，国际责任法作为现代国际法新兴的分支之一，目前国内外的研究成果，无论是在深度上还是在广度上，都比不上国际法传统分支的研究程度。作为国际责任法体系组成部分之一的国际组织责任法，其相应的理论和制度都还仅仅处于雏形状态，并且仍在不断的变化发展之中，需要深入、具体研究的问题还有许多，具有较大的研究空间。

1.2.1 国内研究状况

目前，国内在国际责任法领域的研究仍主要集中于国家责任的问题上，既有宏观性、概括性的研究，也有对专门领域内国家责任问题的研究。前者集中表现在21世纪初的成果中，比较有代表性的著作有：联合国国际法委员会中国籍前任委员贺其治先生，结合其在委员会参与编纂《国家责任条款草案》的工作，著有《国家责任法及案例浅析》（法律出版社2003年版）；武汉大学国际法专业李寿平的博士论文《现代国际责任法律制度》（武汉大学出版社2003年版）等。这些成果都主要以《国家责任条款草案》的结构和内容为线索，结合有关国际规则、制度和案例对国际责任问题进行较为宏观性、概括性的分析研究，也是国内学界对此问题展开专门性研究的早期成果。

对于专门领域内国家责任问题的研究，则主要集中在近年的成果中，如伍亚荣：《国际环境保护领域内的国家责任及其实现》，法律出版社2011年版；牟文富：《核不扩散条约下的国家责任》，四川大学出版社2011年版；王秀梅：《国家对国际社会的整体义务》，法律出版社 2009 年版等。这些成果将国家责任问题与其他领域有关国际法的规则、制度相结合，进行大学科范围内的交叉性研究，反映出国内学界对国家责任问题、国际责任问题研究的不断深化、具体化的趋势。

在国际组织责任问题上，尽管国内也出现了一些成果，如李红："国际组织的责任"，中国政法大学 2006 年博士学位论文；万霞："《国际组织的责任条款草案》述评"，载《外交评论》2010 年第 2 期；王立君："国际组织责任的若干问题评析"，载《法学评论》2010 年第 4 期；黄瑶："国际组织责任与国家责任规则之比较——以联合国国际法委员会有关条款草案为视角"，载《法学评论》2007 年第 2 期；慕亚平、郑艳："论国际组织的国际法律责任"，载《中山大学学报（社会科学版）》1999 年第 3 期；孙萌："论国家责任制度在联合国组织的适用"，载《中国法学》2005 年第 1 期等。但是，这些成果大都以引介相应的规则和制度为目的，基本属于该领域初步的制度性研究成果，缺乏一定的理论与实践深度，对于国际组织责任问题的研究也未形成体系。

此外，在国内有关国际组织法和国际法的大部分著作中，对于国际组织责任问题的阐述几乎是缺失的，包括那些学界公认的权威著作，如梁西：《国际组织法（总论）》，武汉大学出版社 2001 年版；饶戈平：《国际组织法》，北京大学出版社 1996 年版；王铁崖：《国际法》，法律出版社 1995 年版等。当然，这些缺失可能是出于当时特定的主客观条件的局限，但在另一方面这也多少反映出国内学界对于国际组织责任问题的研究十分不足，总体上仍处于研究的起步阶段。值得注意的是，杨泽伟所著《国际法》（第 2 版），高等教育出版社 2012 年版，在其"国际法律责任"一章中专门使用了一节的篇幅，以联合国国际法委员会二读通过的《国际组织的责任条款草案》为基础，比较全面地阐述了有关国际组织责任的国际法规则和制度。

值得一提的是，除了国际法学之外，国际组织的活动与发展也是国际关系、国际问题学界所关注的课题。尤其是近年来，有关学者结合中国的外交实践、全球治理的产生与发展、国际体系的转型等热点问题与趋势，产生了一批相关研究成果，如武心波主编：《大国国际组织行为研究》，上海人民出版社 2010 年版；王杰等主编：《全球治理中的国际非政府组织》，北京大学出版社 2004 年版；杨洁勉主编：《国际体系转型和多边组织发展——中国的应对和抉择》，时事出版社 2007 年版等。这些研究成果不仅为国际组织法的研究提供了跨学科的视角，也更加丰富了其外交实践的内涵。

1.2.2 国外研究状况

与国内目前的研究状况相比较，国外学者尤其是欧美学者对于国际责任法的研究，不仅起步早，而且形成了不少具有代表性的成果，这一领域也是许多知名国际法学者长期关注的领域之一。例如，Dame Rosalyn Higgins, *The International Court of Justice: Selected Issues of State Responsibility*; Ian Brownlie, *The Responsibility of States for the Acts of International Organizations*; Ian Brownlie, *State Responsibility*, Clarendon Press, 1983; H. G. Schermers, "Liability of International Organizations", *Leiden Journal of International Law*, 1 (1988); Sienho Yee, *The Responsibility of States Members of an International Organization for its Conduct as a Result of Membership or their Normal Conduct Associated with Membership* 等等。联合国国际法委员会前任委员詹姆斯·克劳夫德（James Crawford），不仅担任了《国家责任条款草案》编纂工作的特别

报告员，还于近期主编出版了该领域的系统性著作 *The Law of International Responsibility*, Oxford University Press, 2010；同样，中国籍前任委员、国际法院现任法官薛捍勤女士也在该领域选题，撰写出版了其博士论文 *Transboundary Damage in International Law*, Cambridge University Press, 2003.

在有关国际组织法的研究方面，欧美国际法学者也有较为丰富的成果，其中许多已经成为相关领域的权威教材，这些著作都对国际组织的责任问题或多或少给予了阐述和探索。例如，C. F. Amerasinghe, *Principles of the Institutional Law of International Organizations*, Cambridge University Press, 2005；J. Klabbers, *An Introduction to International Institutional Law*, Cambridge University Press, 2002.

在国际组织责任领域的具体问题上，比较有代表性的成果包括：August Reinisch, *International Organizations Before National Courts*, Cambridge University Press, 2000；Datrick Dumberry, *State Succession to International Responsibility*, Martinus Nijhoff Publisher, 2007；M. Hirsch, *The Responsibility of International Organizations Toward Third Parties: Some Basic Principles*, Martinus Nijhoff Publisher, 1996；N. Blokker, "Abuse of the Members: Questions Concerning Draft Article 16 of the Draft Articles on Responsibility of International Organizations", *International Organizations Law Review*, 7 (2010).

此外，欧美国际法学者还针对联合国、欧盟等国际组织在承担国际责任方面的特殊性问题，予以了具体的研究。例如，Christian Dominicé, "the International Responsibility of the United Nations for Injuries Resulting from Non-Military Enforcement Measures"; Stefan Talmon, "Responsibility of International Organizations:

Does the European Community Require Special Treatment? Gerard Conway, Breaches of EC Law and the International Responsibility of Member States", *European Journal of International Law*, 13 (2002).

国外的这些成果一方面体现出国际组织责任问题具有较高的研究价值和意义，另一方面又仍是以西方为视角，无法体现出中国学者对此问题的观点和态度。另外，究竟该如何看待国际法委员会新近二读通过的《国际组织的责任条款草案》，仍然值得学界深入思考和研究。

1.3 研究路径

本书紧密围绕国际组织与其成员间的法律责任问题，首先从这一论题的基本问题出发，探讨了责任法上国际组织的要件、国际组织责任的法律基础以及国际责任法的编纂，为后文进一步展开研究奠定了基础。其后，鉴于国际组织的责任、国际组织成员的责任受到国际组织内部法、国内法与国际法的三重调整，本书分别从这三个层面进行考量，重点分析和阐释了若干典型案例，揭示了国际组织规则的地位和作用、欧盟与其成员国分担责任的特殊性，对本书形成宏观层面的把握，勾勒出国际组织责任问题在不同法律层面的发展轨迹。

在微观层面，《国际组织的责任条款草案》全面规定了国际组织与其成员间法律责任问题的规则与制度。本书在全面、翔实地进行了文本研究的基础上，结合国际组织的具体实践、现行国际法的有关规则和制度，重点关注了该草案有关国际组织与其成员间的关系、国际组织“揭开面纱”制度等问题，以促进该草案在实践中的具体适用。

最后，本书就国际组织与其成员间法律责任的援引、履行以及豁免等法律责任的实施问题予以研究，从而完成了本书由学理到规则再到实施的系统性研究工作。

在完成全书研究的基础上，本书总结了国际组织与其成员间法律责任问题的若干条规律性认识，指明了其在未来的发展趋势，并概括了该问题的发展对于中国国际组织实践的影响。

1.4 研究方法

“法学之所以称为科学，不仅在于其特有的法学思维模式，还在于其特有的方法。”[1]可见研究方法的取舍和采用对于法学研究、论文写作的重要性。本书根据法学研究的一般方法，结合本论题的特殊性，综合采用多种研究方法，以保证本书研究的“科学性”。

1.4.1 文本分析法

本书将结合联合国国际法委员会新近二读通过的《国际组织的责任条款草案》以及有关国际条约所确立的相关规则，分析阐释其主要制度与不足之处，并以此为框架探索国际组织与其成员间的责任问题。这既是法解释学方法在本书的具体应用，也是本书的基本研究方法。

1.4.2 实证分析法

本书密切跟踪国际组织责任领域内新近出现的新形势、新问题，结合有关国际、国内案例以及一些国际组织的特殊性，

---

〔1〕 梁慧星：《法学学位论文写作方法》，法律出版社 2006 年版，第 77 页。

分析阐释有关规则、制度在国际社会和国内法庭的适用问题。这是本书的主要研究方法。

1.4.3 比较分析法

鉴于国际组织责任制度与国家责任制度的相似性，本书将在借鉴国家责任相关制度安排以及具体适用的基础上，通过比较来论证国际组织责任法有关问题的法律解决。这是本书的辅助性研究方法。

1.4.4 历史分析法

一方面，国际组织的发展及其责任问题的提出和编纂本身便是对于历史发展需要的回应，探讨其未来的发展趋势将无法回避对其历史发展过程进行必要的梳理；另一方面，国际组织责任法建构也是一个历史渐进的过程，只有通过考察这一过程才可能提出合理而又现实的解决方法。这是本书的补充性研究方法。

1.5 其他说明

尽管国际组织与国家、国际组织的责任与国家的责任问题在许多方面并不相同，但它们之间仍有许多联系，也有可以借鉴的地方，尤其是在某些具体规则的认定及适用方面。本书依然采用了许多国家责任方面的案例，既作为一种类比和借鉴，也是对国际组织相关实践不足的一种弥补。

由于本论题的研究，目前仍以西方国际法学者为主导，因而本书在正文中引用外文著述时，笔者一般将其翻译为中文，遇到关键性或可能产生分歧的有关论述时，则将其原文注于注释之中，但这并不代表笔者一定赞同该观点。

此外，本书论题无论是学理还是实践都仍处在不断的发展变化之中，许多问题的解答至今仍充满争议，本书对此也只能尽可能地尝试着作出回答，但也不能保证给出明确的、非此即彼的答案。毕竟，对于一项充满争议而又刚刚起步的研究任务而言，客观具体地分析、阐述与评论的过程，可能比一个空洞的结论更具学术价值。

2

国际组织与其成员间法律责任的基本问题

概念是思维的逻辑起点，因而要讨论国际组织的法律责任问题，就必须首先对该论题下的国际组织作出界定，[1]从而划分出本书所要研究的国际组织的范围。然而，这项任务无论是从国际组织法学者的论述，还是从联合国国际法委员会的工作成果来看，似乎都不是一件容易的事。

2.1 责任法上的“国际组织”

由于国际组织的实践相对于国家实践而言，兴起并发展于

---

〔1〕之所以在此对国际组织的概念作出“该论题下”这一特别限定，是因为国际组织并不完全是国际法与国际组织法上的概念，不同学科对国际组织的界定及研究范畴并不相同。例如，国际政治学、国际关系学将国际组织作为国际政治的行为体之一，与国家行为体相对应，纳入其研究范畴；国际法仅仅研究特定的一类或几类国际组织，而责任法上的国际组织，又是前者的下位概念，既具有国际法上国际组织的一般性特征，又具有特殊性，因而内涵广于前者而外延小于前者。有国际政治学学者指出：国际组织“在国际政治中能够发挥主权国家所不具备的独特作用，能产生重大而深刻的影响”。参见梁守德、洪银娴：《国际政治学理论》，北京大学出版社 2000 年版，第 94 页。有关国际组织作为国际政治、国际关系行为体的论述，详见梁守德、洪银娴：《国际政治学理论》，北京大学出版社 2000 年版，第 94～102 页；刘德斌主编：《国际关系史》，高等教育出版社 2003 年版，第 523～528 页。

晚近，仍不充分，国际组织责任法便是一个从定义开始就充满争议的领域。因此，在对国际责任法上的“国际组织”作出界定和阐述之前，有必要对国际法上的“国际组织”这一一般性概念作出一定的梳理。从逻辑上看，前者应该从属于后者的范畴，国际责任法也是国际法的分支之一。

2.1.1 国际法上的“国际组织”

一般而言，凡是两个以上的国家或政府、人民或个人以及民间团体，基于特定的目的，以一定协议的形式而建立的各种机构，均可以被认为是国际组织。[1]这是最广义的国际组织范围，它既包括政府间国际组织（Inter-governmental Organizations，IGO)，也包括非政府间组织（International Non-governmental Organizations，NGO or INGO)。前者通常是两个以上的国家、政府为了实现一定的目标、宗旨或利益，通过可以为国际法所调整的协议而建立的常设机构或联盟，这也是国际法所着重调整、研究和适用的国际组织。

对于国际法上的“国际组织”，国外一种代表性观点认为，它是“这样一种通过条约建立的国家联合：具有宪章和共同的机构、区别于其成员国的人格，并且享有缔约能力（Treaty-making Capacity）而可以成为国际法的主体”。[2]但值得注意的是，国外大多数学者并没有直接给予国际组织类似的概括性定义，而是从其特征或要素分析，描述出国际组织的一般性范畴。甚至有学者直接指出，国际组织的定义是最困难的首要问题，“在大

〔1〕 参见梁西著、杨泽伟修订：《梁著国际组织法》，武汉大学出版社 2011 年版，第 5 页；饶戈平主编：《国际组织法》，北京大学出版社 1996 年版，第 10 页。

〔2〕 G. Fitzmaurice, *First Report on the Law of Treaties*, Yearbook of International Law Commission (ii), 1956, p. 108.

多数情况下，当我们看到一个国际组织时，可以认识它，但要给予其一个详尽的定义至今看来是不可能的”。[1]

对比上述国内外学者的定义可以看出，国内学者的定义更侧重于国际组织的形式要件，如创立者（国家或政府）、创立方式（协议）、创立目的（目标、宗旨或利益）以及创立形式（常设机构或联盟）等等；而国外学者的定义则更侧重于其实质要件，如是否具有宪章、独立的人格以及缔约能力等。

在有关国际组织的条约中，同样很难找到其概括性定义。1975 年《维也纳关于国家在其对国际组织关系上的代表权公约》就回避了对此作出定义，1986 年《关于国家和国际组织间或国际组织相互间条约法的维也纳公约》也仅仅在其第 2 条“术语”中笼统地指出，该公约所称的国际组织是指政府间组织（Intergovernmental Organizations）。

2011 年，联合国国际法委员会第 63 届会议二读通过的《国际组织的责任条款草案》再也难以回避给出国际组织的定义，否则便无法确定草案所适用的主要主体以及其适用范围。该草案第 2 条第 1 款规定，该条款草案所称的国际组织是指，依据条约或其他受国际法调整的文书建立，具有独立国际法律人格的组织，其成员除国家以外，还可以包括其他实体。据此，该草案从责任法的角度，给予了国际责任法上的国际组织一个相对集中性的定义，以概括出责任法所适用的国际组织的范围，即应当包括两大要件：依据条约或其他受国际法调整的文书建立、成员除国家以外还可以包括其他实体作为形式要件；具有独立的国际法律人格作为实质要件。有学者对此评论，认为《国际组织的责任条款草案》阐明“国际组织”定义的挑战性

[1] J. Klabbers, *An Introduction to International Institutional Law*, Cambridge University Press, 2002, p. 7.

要大于对于“责任”定义的阐明，因为后者在《国家责任条款草案》中已有先例，而前者则是“国际关系中一个尚未完美定义的实体”（a Less Well-defined Entity in International Relations）。〔1〕

2.1.2 形式要件

2.1.2.1 建立方式

《维也纳条约法公约》第2条规定：“称‘条约’者，谓国家间所缔结而以国际法为准之国际书面协定，不论其载于一项单独文书或两项以上相互有关之文书内，亦不论其特定名称为何。”因此，条约是受国际法调整的书面国际协定。大多数的国际组织都是通过缔结条约的方式建立的，因而国际法对这些国际组织也同样适用。这就区别于那些依据受一国国内法调整的文书建立的组织，包括大多数的非政府间组织，后者并不在上述范围内，如阿拉伯世界学会这一组织便是依据法国法律建立的。但是，这里存在一些特殊情况，有些国际组织在成立之后才缔结条约，或是先依据受一国国内法调整的文书建立，之后又通过了受国际法调整的条约或其他文书，只要这些“受国际法调整的”文书得以生效，那么这些组织仍然属于《国际组织的责任条款草案》所适用的“国际组织”范围内，如北欧理事会（Nordic Council）的情况就是如此。

还有一些国际组织是依据现存的其他国际组织、国际会议的决议而建立的，如依据联合国大会决议建立的联合国儿童基金会（United Nations Children's Fund，UNICEF）、联合国工业发

---

〔1〕 Niels M. Blokker, “Preparing Articles on Responsibility of International Organizations: Does the International Law Commission Take International Organizations Seriously? A Mid-term Review”, In edited by Jan Klabbers and Asa Wallendahl, Edward Elgar, *Research Handbook on the Law of International Organizations*, 2011, p. 323.

展组织（United Nations Industrial Development Organization，UNIDO）等，而石油输出国组织（Organization of the Petroleum Exporting Countries，OPEC）则是由当时五个石油生产国通过召开国际会议的方式建立的。为此，《国际组织的责任条款草案》将依条约以外的受国际法调整文书建立的国际组织也纳入其适用范围，只要建立上述组织的国际组织决议、国际会议决议受到国际法的调整，这些组织便都符合国际法上的“国际组织”的形式要件。

近年来，以国家之间论坛形式发起、形成的组织、集团不断涌现，如二十国集团（Group 20）、“金砖五国”集团（Brics）等。[1]尽管这些组织、集团具有“国家之间”性质，并且在国际社会共同应对全球性问题中扮演了重要的角色，但是它们仍然不能构成国际法上的“国际组织”。因为这些组织并非“依据条约或其他受国际法调整的文书建立”，也不具有独立的国际法律人格。它们是特定国家之间的一种论坛、会议的组织形式，或者仅仅是一种约定俗成的称谓而已。例如，2009年在瑞典哥本哈根举行的联合国气候变化大会上，中国、巴西、印度和南非由于谈判立场相近，又同是发展中大国，在会议中采取了共同的立场并共同进退，被称为“基础四国”，即由四个国家英文名称首字母组成的单词“Basic”。“基础四国”作为该会议中的一种谈判形式，仅仅构成一种约定俗成的称谓而已，显然不是

---

〔1〕 据有关学者统计，协定性国际组织的数目在1985年达到了最高峰的369个，之后便一路下滑，到2001年仅剩余232个；而以国家间论坛方式形成的国际组织不断增加，到2010年其数量已接近1000个。参见张海滨：“世界形势变化促国际组织转型”，载《人民日报》2010年11月8日。显然，从一种组织形态的角度出发，将国家间的“组织”分为“协定性”和“论坛性”两种形式是可以接受的；但是，无论是哪种形式的“组织”都不一定构成国际法上的“国际组织”，尤其是在“论坛性”组织中可能极少。

国际法上的“国际组织”。

2.1.2.2 成员范围

在国际组织的形式要件方面，《国际组织的责任条款草案》还规定了“成员范围”这一形式要件，即国际组织的成员除国家以外，还可以包括其他实体。国际组织既可以由国家成员组成，也可以由国家以外的实体参与，如其他国际组织、领土或私人实体等，还可以由这些不同类型成员混合组成。塞拉利昂特别法院、黎巴嫩特别法庭就是由一个国家和另一国际组织组成的，欧洲共同体作为国际组织已经成为联合国粮食和农业组织的成员，领土或领土群体等实体有权成为世界气象组织的成员，而阿拉伯广播联盟则将广播组织作为国家的机关或机构列为其正式成员。

随着国际组织职能的日益丰富和深化，拥有混合型成员成为实践中一种重要的发展趋势，这样有利于实现其成员间在特定领域内开展更有效的合作，以充分实现该组织的宗旨和目的。世界旅游组织的成员包括“正式成员”国家、“准成员”领土或领土群体、“附属成员”政府间或非政府间的国际机构。[1]

《国际组织责任条款草案》的上述规定，摒弃了之前《关于国家和国际组织间或国际组织相互间条约法的维也纳公约》以及许多学者的定义中普遍采用的“政府间组织”表述，其主要原因包括：①此类组织的“政府间”性质究竟是指该组织的建立文书，还是指其成员资格，这个问题本身仍存在分歧；②许多组织是由国家机关参加，而不是政府直接参加的，还有许多组织的成员中不仅包括国家，还包括国家以外的实体，因而“政府间”的界定已不足以涵盖这些组织；③从国际责任法的角

〔1〕 P. J. G. Kapteyn et al., *International Organization and Integration*, Martinus Nijhoff Publisher, 1984, I. B. 2. 3. a.

度看，国际组织是否属于“政府间”，并不需要作出区分，也无需采取不同的解决方案。〔1〕

2.1.3 实质要件

2.1.3.1 法律人格的概念

国际组织为实现其特定的宗旨和目的，需要对外开展一定的活动，这就以其拥有独立于成员的法律人格（Legal Personality）为前提。一般认为，国际组织的法律人格是其独立地享有权利并承担义务的一种资格，类似于民法上所称的“权利能力”。以此法律人格作为前提，国际组织才能在其成员领域、国际社会开展活动，有效地参与有关法律关系，才能“在实现其宗旨和执行其职能中具有法定的行为能力，即能够以自己行为依法行使权利及履行义务的能力”，〔2〕也才能承担相应的法律责任。

国际组织的法律人格根据其来源的法律类型不同，可以分为国内法律人格和国际法律人格两个层面。前者，是指国际组织根据一国国内法取得的法律人格，其取得应当符合相关国内法的标准，而并不仅仅取决于其国际法律人格，有些国际组织的机构或部门可以获得国内法上的独立人格。例如，欧洲投资银行（European Investment Bank）是欧盟的一个机构，但它拥有成员国内法上独立的法律人格，欧洲中央银行（European Central Bank）也是如此。〔3〕由于国家之间的法律规定有所不同，国际组织在不同国家所取得的法律人格的具体内容也不尽相同，但

〔1〕 See “Draft Articles on the Responsibility of International Organizations”, with Commentaries, *Yearbook of the International Law Commission*, 11 (2011), Part Two, Aticle2 (3).

〔2〕 梁西：《国际组织法（总论）》，武汉大学出版社 2001 年版，第 8 页。

〔3〕 See H. G. Schermers and N. M. Blokker, *International Institutional Law*, Martinus Nijhoff Publisher, 2011, pp. 1021~1022.

这些内容都具有一定的相似性。

国际组织的“国际法律人格”，通常由该组织的宪章性文件、条款[1]所规定。一方面，它们赋予国际组织法律人格，使其能够在成员的国内法体系中具有法人的行为能力，包括签订合同、获取处置动产和不动产、参与法律诉讼程序等方面的能力。另一方面，国际组织的宪章性文件、条款一般也将实现该组织职能的需要作为对其行为能力的限制。

国际组织上述两种类型的法律人格之间，也存在一定的联系。20 世纪上半叶，国内法往往将国际法作为指标，国际组织能否取得国内法上的人格也以其是否取得国际法律人格为基础。[2]

2.1.3.2 法律人格的取得

2.1.3.2.1 对于国际组织的成员

国际法律人格通常为国际组织的宪章、创立协议等宪章性文件所规定。最典型的如《联合国宪章》第 104 条对联合国的规定：“本组织于每一会员国之领土内，应享受于执行其职务及达成宗旨所必须之法律行为能力。”此外，《国际劳工组织宪章》第 39 条、《欧洲经济共同体条约》第 210 条和《欧洲原子能共同体条约》第 184 条也有类似的规定。2007 年，《里斯本条约》

---

〔1〕 根据《国际组织的责任条款草案》第 2 条（b）的规定，国际组织的宪章性文件（Constituent Instruments）属于该组织“组织规则”（Rules of the Organization）的一种形式，实践中其名称可以是宪章、规约以及协定等。本书此处增加了“宪章性条款”这一表述，是因为有些国际组织不仅由宪章性文件规定，在其他国际条约中也有有关该组织的条款规定，这些条款同样也具有“宪章性”。例如，国际法院不仅受到《国际法院规约》的全面规定，《联合国宪章》第 14 章的 5 个条款也应当视为其“宪章性条款”。

〔2〕 See David J. Bederman, “The Souls of International Organizations: Legal Personality and Lighthouse at Cape Spartel”, *Virginia Journal of International Law*, 36 (1996).

正式明确确立了欧洲联盟的法律人格，[1]结束了欧盟与欧共体在法律人格上长达几十年的“分裂”状态。

但是，如果在国际组织的宪章性文件中并没有明确规定其具有法律人格的情况下，该组织是否仍具有法律人格呢？一种观点认为，只要国际组织承担着国际法规定的义务，它就拥有法律人格，即客观性理论（objective theory）；而另一种观点认为，国际组织的法律人格还需要满足其他一些条件。例如，意思理论（will theory）或主观性理论（subjective theory）认为，国际组织的人格取决于其创立者的意思（will or intension），无论创立者是否授予该组织人格都需要予以明示。[2]这两种观点的背后，实质是如何从法理上解释和看待国际组织的法律人格问题，因为它们与享有主权的国家存在根本的差异。

从实在法的角度来看，国际组织的法律人格应当是建立该组织的宪章性文件所明确、具体规定的，这些规定和条款构成其成员对国际组织授予的一种权力，也就是“约章授权”。换言之，国际组织的权能来源于成员国的授予，其权能的内容来自成员国主权权利的让渡，其宪章性文件乃是国际组织适用权能的依据。这就必然要求这些宪章性文件为该组织的权能划定一个或抽象或具体的范围，以保证该组织的运行不会侵蚀成员国的主权利益。既然只有当成员国授予时，国际组织才能享有这些权能，那么成员国所没有授予的权能就应当由其自身保留。

---

〔1〕 Article 47, Consolidated Versions of the Treaty on European Union, Council of the European Union, 6655/1/08, Rev1.

〔2〕 正如后文所阐述的那样，这一问题主要集中于国际法理论上，对于国际组织的责任认定、《国际组织的责任条款草案》的适用等影响均十分有限，本书在此不予赘述，重点阐述与国际组织的责任问题密切相关的理论观点。其详细内容，Also See J. Klabbers, *An Introduction to International Institutional Law*, Cambridge University Press, 2002, pp. 52~57.

这正是国际组织的授权原则所蕴含的深刻内涵。因此，授权原则是几乎所有国际组织获取法律人格，享有权利并承担义务最基础、最根本的原则之一。

从自然法的角度来看，国际组织的法律人格是其客观存在的必然结果，甚至是其固有的一种权力，无论其宪章性文件是否明确规定，国际组织均享有一种“隐含的或默示的权力”。当然，国际组织行使这些权力时并不是无限制的，必须符合其宗旨与目的，并且不能从事宪章性文件与决议中明确禁止的事项。

在国际司法实践中，国际法院也曾对国际组织的法律人格问题发表过一些咨询意见。在“为联合国服务而受损害的赔偿咨询意见”[1]中，针对联合国是否具有法律人格以有权提出国际赔偿诉求的先决问题，国际法院认为，成员国将一定的职能并伴随着义务和责任授予国际组织，以保证其具有有效履行这些职能所需要的权能；国际组织的权利和义务取决于明示或暗示于其组织文件和实践发展中的宗旨和职能。[2]在《关于1951年3月25日卫生组织与埃及之间协定的解释咨询意见》中，国际法院指出，国际组织是国际法主体，因而受到一般国际法、自身组织法和其参加的国际协定所规定的义务的约束。在《关于一国在武装冲突中使用核武器的合法性咨询意见》中，国际法院重申了其观点，即国际组织是国际法主体，但与国家不同，它们不享有一般性的权能。

从国际法院的有关咨询意见中可以看出，国际法院并没有

〔1〕有关该咨询意见案的详细案情，参见梁淑英主编：《国际法学案例教程》，知识产权出版社2003年版，第4~8页。

〔2〕“Reparation for Injuries Suffered in the Service of the United Nations”, Advisory Opinion, I. C. J. Repots, 1949, pp. 179~180.

为国际组织取得法律人格设定特殊的条件和标准，也没有对此作出其他更为严格的要求。“50个国家，代表了国际社会的绝大多数成员，授予了一个实体客观性的国际人格，这一人格连同其获取索赔的能力并不仅仅为这些国家所承认。”[1]从这段经常被引用而又较为笼统的措辞看，可以认为国际法院较为宽容地看待国际组织如何取得法律人格这一问题，国际法院似乎也承认国际组织的法律人格是一种客观性的人格，因而在法律责任的承担上，也不必追究国际组织的法律人格是否已经获得了受害国的承认。

2.1.3.2.2 对于非国际组织成员

国际组织的宪章性文件，在本质上仍属于多边条约的范畴。条约的效力具有相对性，古罗马法中便有“约定对第三者既无损亦无益”的原则。《维也纳条约法公约》第34条规定：“条约非经第三国同意，不为该国创设义务或权利。”因此，国际组织宪章性文件中的“国际法律人格条款”，只能对该文件的当事方，也就是该国际组织的成员产生法律约束力，而不能约束非成员方。能否给予该组织法律人格，以及其具体内容，则取决于非成员一方的法律和法院。

在“Arab Monetary Fund v. Hashim and others案”中，原告阿拉伯基金会成立于1976年，其成员包括20个阿拉伯国家和巴勒斯坦解放组织。该基金会在英国法院起诉其前任总裁哈希姆博士以及其他一些个人，指控他们侵占基金会的财产。被告方律师辩称，该基金会不具有英国法上的人格。对此，英国高等法院和上诉法院认为：“一个国际组织在至少一个外国注册成立

---

〔1〕“Reparation for Injuries Suffered in the Service of the United Nations”, Advisory Opinion, I. C. J. Repots. 1949, p. 185.

的地位，也应当为联合王国承认。”[1]英国上议院认为，根据英国法，外国组织机构的承认是一个礼让的问题（a matter of comity），[2]这就需要该组织注册登记的国家本身为英国所承认。该案中，阿拉伯基金会的所在国，阿拉伯联合酋长国已给予其法律人格，外国组织注册登记国法律的确认，应当为英国所承认：“当主权国家通过缔结条约达成协议，将法律人格授予一个国际组织，该条约并没有创立一个机构。但是，当基金会协定为阿联酋第35号联邦法案所登记，并创立了机构，该机构可以并应当为英国法院承认。”[3]据此，上议院最终支持了阿拉伯基金会在英国法院提起诉讼的权利。

可见，在该案中，当英国并非某一国际组织的成员时，该组织的法律人格为英国法院所承认的条件包括：①该组织的成员通过条约形式达成协议，授予其法律人格；②创立该组织的协定，经该组织所在国的法定程序予以登记、确认；③该组织所在地的法律认定其具有法律人格；④该组织注册登记的国家应当为英国承认。当上述条件全部满足时，英国法院便应当承认一个国际组织具有法律人格，这是一个事关礼让的问题。

2.1.3.3 法律人格的内容

国际组织除了应具有法律人格外，其法律人格还必须独立

---

〔1〕“Arab Monetary Fund v. Hashim and Others”, Decision of 21 February 1991, UK House of Lords, *International Law Reports*, Vol. 83, p. 243.

〔2〕对于“国际礼让”的内涵和作用，有学者写道：“各国在彼此交往中，不仅遵守有法律拘束力的规则和具有惯例性质的规则，而且也遵守礼貌、便利和善意的规则。这种国际行为规则不是法律规则，而是礼让规则。……国际礼让不是国际法渊源。但是，有许多规则，从前不过是国际礼让规则，而现在却成为国际法规则。”[英]詹宁斯、瓦茨修订：《奥本海国际法》（第1卷第1分册），王铁崖等译，中国大百科全书出版社1995年版，第30~31页。

〔3〕“Arab Monetary Fund v. Hashim and Others”, Decision of 21 February 1991, UK House of Lords, *International Law Reports*, Vol. 85, p. 5.

于其成员，即能够以自己的名义从事一定行为的能力，从而能够独立地承担法律责任。国际组织独立的法律人格主要包括以下内容：订立合同、购置财产、进行诉讼活动等国内法上的行为能力，派遣和接受使节、缔结国际条约和协定、调解国际争端、召集或参加国际会议或其他活动、请求获得赔偿、承担国际责任、加入另一国际组织、承认或被承认、继承或被继承等国际法上的行为能力。此外，国际组织还具有一些行政性权能，如颁发身份证件、旅行证件，登记或保存条约，使用组织旗帜、印章和徽志，等等。

可见，与享有主权的国家相比，国际组织的法律人格是派生的、有限的，其内容也是相对固定的，这正是国际组织在国际法上特殊法律地位的表现。同时，国际组织所享有的具体的权利和义务也并不相同，但它们具有一定的共性。有学者认为，为了使国际组织在特定范围内获得自主性，从而有效地实现其职权、宗旨与目的，成员授予国际组织的权利通常应当包括：①就国际组织职能范围内的事项，与非成员国缔结国际协定的权利；②就国际组织的行为与活动，对于国内法院的管辖权享有豁免的权利；③对于所有以国际组织公务身份在第三国领土内执行任务的职员，将其视为国际公务员予以保护的权利，这实际上是一种类似于外交保护（diplomatic protection）的权利，它在特定情形下甚至优于国家的属人管辖权；④对于代表国际组织执行公务行为的职员以及国际组织的财产所受到的伤害、损害，有权向其成员国或第三国提出赔偿的国际诉求。[1]

在上述这些内容中，通常又以缔约能力、派遣与接受使团

---

〔1〕 See Antonio Cassese, *International Law*, Oxford University Press, 2005, pp. 138~139.

的能力、获得与承担赔偿的能力最为重要，因为它们不仅是一个国际组织法律人格最重要的组成部分，更是判断一个国际组织能否作为国际法的主体及其主体性程度的指标。

2.1.3.3.1 缔约能力

国际组织缔结国际条约、国际协定的能力，即缔约能力，是其最基础也是最重要的能力。长期以来，许多国际法学者在研究国际组织的法律人格问题时，甚至将其缔约能力视为具有独立法律人格的必要条件之一，国际组织应当“享有缔约能力（treaty-making capacity）而可以成为国际法的主体”。[1]在国际法院受理的“西南非洲案”（South West Africa Cases）中，菲茨莫里斯与斯彭德两位法官在其共同的反对意见中均认为，国际联盟是否拥有缔约能力，是其能否成为南非在西南非洲（今纳米比亚）委任统治的当事方的前提条件。[2]

在国际组织取得蓬勃发展的今天，无论在学理上还是在实践中，其缔约能力已被普遍接受。正如1986年《关于国家和国际组织间或国际组织相互间条约法的维也纳公约》序言所指出的那样，国际组织享有缔约能力，以执行其职能与实现其宗旨。该公约以条约的形式，确立并规范了国际组织的缔约能力与缔约行为。根据其第6条的规定，国际组织缔结条约的能力以该组织的规则为依据，后者包括该组织的宪章性文件、根据上述文件通过的决定和决议，以及业已存在的组织实践。目前，包括国际劳工组织、国际海事组织、国际原子能机构、世界卫生

〔1〕 G. Fitzmaurice, “First Report on the Law of Treaties”, *Yearbook of International Law Commission*, 1956, ii, p. 108.

〔2〕 See “South West Africa Cases (Ethiopia v. South Africa; Liberia v. South Africa), Preliminary Objections”, I. C. J. Reports, 1962, p. 495.

组织在内的 17 个国际组织已经签署或批准了该公约，[1]尽管该公约仍尚未生效。值得注意的是，尽管该公约确立并规范了国际组织的缔约能力和缔约行为，根据其第 85 条的规定，国际组织也可以签署和批准该公约本身，而成为该公约的当事方。但是，该公约的生效却取决于 35 个国家的批准或加入，[2]并不包含批准、加入该公约的国际组织数量，这也是该公约迟迟未能生效的原因之一。

国际组织缔结国际条约、国际协定的种类主要包括：

（1）国际组织与其成员之间的协定。国际组织因特定的事项，需要与其成员订立协定，这通常在国际组织的宪章性文件中予以规定。如《国际原子能机构宪章》第 13 条就规定了国际原子能机构理事会应与愿意向该机构提供材料、服务、设备和设施的成员国就此事项签订协定。

（2）国际组织与非成员之间的协定。国际组织在开展对外合作的活动中，有必要与非成员之间就某些事项签订协定。例如，经济合作与发展组织（OECD）可以与愿意参加该组织工作的任何国家签订协定，并在其职能范围内与任何国家签署协定。

（3）国际组织与其他国际组织之间的协定。国际组织之间因合作与协调的需要，往往也需要签订相关协定，如交换信息的协定等。《美洲国家组织宪章》第 100 条规定："同一种世界

---

〔1〕 截至 2012 年 11 月，6 个签署该公约的国际组织包括：欧洲理事会（Council of Europe）、联合国粮农组织、国际电信联盟、联合国教科文组织、美洲国家组织、世界气象组织；11 个批准或核准该公约的国际组织包括：国际原子能机构、国际民航组织、国际刑警组织、国际劳工组织、国际海事组织、禁止化学武器组织、全面禁止核试验公约筹备委员会、联合国工业发展组织、万国邮政联盟、世界卫生组织、世界知识产权组织。

〔2〕 截至 2012 年 11 月，已有 31 个国家批准或加入该公约，已接近该公约的生效条件。

性的国际机构缔结协定时，美洲专门机关应保存其作为美洲国家组织的组成部分的个性和地位，即使它们执行了国际机构的区域职务”。

（4）国际组织与多边条约的缔约权。在传统国际法上，只有主权国家才有权成为多边条约的当事方，多边条约也仅仅存在于国家之间。因此，国际组织得以缔结、参加多边条约，也是在国际法相关理论与实践中逐渐发展起来的。1968 年，联合国食糖会议制定食糖协定时，当时的欧洲共同体希望作为一个单一整体签署该协定，遭到了苏联的反对。后者认为，只有主权国家才有权签署该公约，欧共体成为公约的缔约方不符合《联合国宪章》的基本原则。最后，双方达成妥协。一方面，该协定规定：“凡是该协定中应邀参加联合国食糖会议的政府也应被理解为包括了欧共体。”另一方面，苏联在批准该协定时，发表了正式声明：与欧共体共同参加该协定，并不意味着对欧共体的承认。[1]当然，这一事件既表明当时国际组织缔约权发展的不成熟，同时也反映出相关国际实践不可避免地受到了当年冷战思维、东西方对立等形势的影响。

随着实践的不断发展，国际组织缔结、参加多边条约的能力逐渐为国际社会所普遍接受，许多多边条约专门规定了这一事项。《联合国海洋法公约》附件九共 7 项条款专门规定了“国际组织的参加”。据此，国际组织参加该公约应符合以下条件：①国际组织应是由国家组成的政府间组织，并且成员国已将该公约所规定事项的权限，包括对此缔结条约的权限，授予给了该国际组织；②国际组织的过半数成员国为公约缔约国或当事国，则该组织有权签署、加入该公约，并要作出声明，指明其

〔1〕 参见饶戈平主编：《国际组织法》，北京大学出版社 1996 年版，第 117 页。

成员国所转移权限的事项、性质和范围；③国际组织成为公约缔约方后，应按照转移权限的事项，行使和履行成员国的原有权利和义务，并对不履行义务或违反公约的行为承担责任，该组织的成员国不再行使相关权限；④国际组织的参加，不应导致其成员国代表权、表决权的增加，公约规定的权利也不应给予非公约缔约国的组织成员。当国际组织的成员无一为缔约国或者国际组织不再满足上述条件，该组织应退出公约，并且退出立即生效。

2.1.3.3.2 派遣与接受使团的能力

对于传统国际法而言，国家之间派遣与接受使节是其主权平等、相互礼让的一种表现。对于国际组织而言，具有派遣与接受使团的能力，也是其具有法律人格、获得国际社会广泛认可的重要特征。实践中，国际组织与国家之间以及国际组织之间经常互派常驻使团。

1995 年，共有 125 个国家向欧共体派驻了外交使节，后者在日内瓦、东京与华盛顿等城市也都派驻有外交使团。国际法院也确认了非国家实体向国际组织派遣使团的权利，[1]但是这里的使团不一定具有国际组织正式成员代表所享有的全部权利。例如，巴勒斯坦解放组织在联合国的常驻观察员代表团，该代表团可以参加联合国的大多数活动，但不享有表决权、选举权和被选举权这些联合国正式成员所专属的权利。反之，经一国的同意、要求签订协定，国际组织也可以向其非成员国家派驻使团，一般以特别使团（special missions）的形式较多。根据 1969 年《联合国特别使团公约》第 1 条的规定，特别使团是指代表一国的临时使团，经另一国的同意，由一国派往另一国为

[1] "Applicability of the Obligation to Arbitrate Under Section 21 of the United Nations Headquarters Agreement of 26 June 1947", Advisory Opinion, I. C. J. Reports, 1988, p. 12.

处理特定的问题或执行特定的任务。

1975 年《维也纳关于国家在其对国际组织关系上的代表权公约》[1]进一步明确、规范了国家派驻国际组织使团的权利和义务。该公约第 6 条规定了常驻代表团的职务，包括：①确保派遣国在国际组织的代表权；②保持派遣国同国际组织的联络；③同国际组织在其内谈判；④查明国际组织的各项活动，向派遣国政府提出报告；⑤确保派遣国参加国际组织的各项活动；⑥保护派遣国在同国际组织关系上的利益；⑦同国际组织在其内进行合作，促进组织宗旨和原则的实现等。该公约第 7 条还规定了常驻观察员代表团的职务，与常驻代表团的上述职务范围相类似，但在程度上有所弱化，具体列举中不含有“确保派遣国参加国际组织的各项活动”这项职务。

国际组织根据不同情况、联系程度等因素，可以向另一国际组织派遣观察员、特别使团或常驻使团，从而可以以观察员的身份参加有关活动，通过特别使团执行某些特定的任务，而常驻使团则一般存在于联系紧密的国际组织之间。国际原子能机构、世界银行、美洲国家组织等较为重要的专门性组织、区域性组织均在联合国总部所在地设立了常驻使团。

2.1.3.3.3 获得与承担赔偿的能力

国际法院在《为联合国服务而受损害的赔偿咨询意见》中，最早确认了国际组织获得与承担赔偿的能力，并且暗示这一能力是国际组织的核心能力。因此，联合国针对受到的损害向成员国提出赔偿诉求，是毫无疑问和清晰的。[2]国际组织的这一

---

〔1〕 根据该公约第 89 条的规定，公约生效需要 35 个国家的批准或加入，目前公约已有 34 个当事国，仍尚未生效。

〔2〕 “Reparation for Injuries Suffered in the Service of the United Nations”, Advisory Opinion, I. C. J. Repots, 1949, pp. 22~23.

能力仍然要建立在其法律人格以及执行职务之所需的基础上。

联合国、联合国的专门性机构等普遍性国际组织，由于其法律人格客观存在，并且拥有广泛的成员，因而获得了一种客观存在的国际人格，可以以自己的名义向成员国和非成员国提出诉求，获得与承担赔偿。在这一点上，区域性国际组织便有所不同，由于此种组织类型的地域性特点，其成员也具有一定的封闭性，因而只有当非成员国明确承认该组织的此等权利时，区域性国际组织才有权向其提出诉求。

除了针对自身损害提出索赔诉求之外，国际组织基于执行职务的需要、其职员身份具有“国际性”而非代表国籍国等因素，也有权为其职员在执行公务中受到的损害，提出索赔诉求。这也是国际法院在《为联合国服务而受损害的赔偿咨询意见》中所确立的观点。1994 年 12 月，两名英国记者因涉嫌诽谤时任国际奥林匹克委员会主席的让·安东尼奥·萨马兰奇先生，而被国际奥委会起诉至瑞士洛桑的一家法院，并最终被该法院认定为有罪且受到了相应的刑罚处罚。[1]

国际组织有权通过国际法所认可的方式，确立、呈现和解决有关获得与承担赔偿诉求，这些方式包括调查、谈判、诉诸仲裁法庭或依据规约诉诸国际法院等，或者通过该国际组织建立的其他司法、政治方法予以解决。同样，这也要受到一定的限制，因为只有国家才能成为国际法院的当事方。实践中，国际组织究竟能否在一个国家的国内法院起诉或应诉，还要取决于有关豁免问题，以及它们是否被认定为具有法律人格。

---

〔1〕 参见盛红生：“从诉讼角度考察国际组织的法律人格”，载《法学评论》2010 年第 1 期。

2.1.4 非政府间国际组织的法律责任问题

除了国际法重点关注和研究的政府间国际组织之外，国际社会中存在着大量的非政府间国际组织，[1]远远超过了政府间国际组织的数量，这些组织并且仍在不断地发展壮大，逐渐构成了国际组织的主体。因此，对非政府间国际组织的法律责任问题，作一简要的探讨是十分必要的，当然，这是从国际法的角度而言的。但是，当我们开始这项工作时便发现，仅仅试图为非政府间国际组织给出严格的界定，或者给出一种公认的描述性定义，都是十分困难的。

“非政府组织”这一术语由联合国在 1946 年首次使用。1952 年，联合国经济与社会理事会在其第 288（x）号决议中，将非政府组织描述为“凡不是根据政府间协议建立的国际组织都可被看作非政府组织”。从这一界定的表述来看，“根据……建立”阐述的是此类组织建立的法律依据，或者说是其准据法，而“政府间协议”则显然是一个法律上的概念。因而可以推断，联合国经社理事会是从建立的法律依据的角度来界定非政府组织的。然而，结合后来的实践发展，这一界定从今天的视角看来，并不周全。一方面，非政府组织应是非政府间国际组织的上位概念，还应当包括依据国家国内法建立的“国内”非政府组织，而经社理事会的界定显然仅仅包括“国际”组织；另一方面，仅仅从建立的法律依据的角度来界定非政府组织，往往忽略了其本身的许多属性和特征，更无法解决一些特殊国际组织的归类问题。例如，红十字国际委员会原本依据瑞士国

---

〔1〕 据统计，截至 1993 年，全球非政府间国际组织的数量为 12 759 个；截至 2001 年，这一数目已经发展为 15 781 个。See *Yearbook of International Organizations*, 5 (2002~2003), p. 3.

内法建立，是瑞士法上的法人组织，但它同时也受到1949年日内瓦四公约及其附加议定书的调整，后者显然属于政府间协议。

近年来，关于非政府组织的界定，大多着眼于其职能和价值。世界银行将其描述为：从事解困济贫，推进穷人利益，保护环境，提供基本的社会服务或从事社区发展的私人组织。由于统一界定上的困难，又有一些学者转而研究非政府组织的属性和特征，提出了非政府组织应当包括组织性、民间性、非营利性、自治性、自愿性、公益性、非宗教性（活动不是为了吸收新教徒）以及非政治性（不卷入推举公职候选人）等特性。〔1〕而非政府间国际组织则还应增加“国际性”这一属性，但是此类组织的“国际性”不同于政府间国际组织的“国际性”，后者是依据条约或其他受国际法调整的政府间文书建立的。非政府间国际组织的“国际性”主要包括三个方面：首先，组织目的与活动范围的跨国性。此类国际组织并不局限于在一国国内开展活动，而是在全球范围内实现其宗旨和目的。其次，组织机构构成的国际性。此类国际组织的成员来自于不同的国家，包括个人、公司、各种组织等。最后，组织资金以及其他资源的来源和使用国际性。此类国际组织的资金及其他资源通常来源于不同的国家，它们的使用也并不局限于一国，而是在不同国家广泛使用。结合上述特征，有学者将非政府间国际组织概括为：“一种由个人或团体基于一定社会宗旨以非官方协议成立的跨越国界的民间联合体。”〔2〕

正是由于非政府间国际组织的自身特点，一般国际法并不

〔1〕 参见王杰等主编：《全球治理中的国际非政府组织》，北京大学出版社2004年版，第14~15页。

〔2〕 梁西：《国际组织法（总论）》，武汉大学出版社2001年版，第4页。

对其作出具体规定。此类国际组织能否独立地承担相应的法律责任，取决于它们是否具有独立的法律人格。除了根据国内法的规定或非政府间文书的明确规定，例如，有些组织乃依据某一国国内法登记注册，因而享有其国内法上的法人地位，从而具有独立的国内法上的法律人格。另外，非政府间国际组织的法律人格问题并没有公认和统一的标准。就国际责任的承担而言，因其准据法应为国际法，故要求其承担者必须具有独立的国际法律人格。从实践上看，国际社会中确实存在一些非政府间国际组织通过国际条约享有国际权利、履行国际义务，因而事实上已经具备了获得国际法律人格的条件。[1]但是，是否可以归纳出一些公认的、统一的标准，以判断这些国际组织的国际法律人格问题，却是值得进一步探讨的问题。

在《为联合国服务而受损害的赔偿咨询意见》中，国际法院提出了判断国际组织是否具有国际法律人格的两项标准。其一，应根据成员国设立国际组织时，是否存在特定的“意图”（intension）来判断，这样的意图可以直接表现为，成员国授予该国际组织一定范围内的职权、义务和责任，使其具有一定的自主性，从而可以有效地实现其组织宗旨和目的。上述“意图”也可以通过推断得出。例如，可以从国际组织的主要机构以“多数表决”方式通过决议，而不要求“全体一致”的方式推断出。再如，有些国际组织的宪章性文件，对其法律人格作出了明确的规定，这便足以体现上述“意图”的存在。近年来，这样的趋势正在加强，最典型的例子包括 1998 年《国际刑事法院规约》第 4.1 条明确规定了国际刑事法院的国际法律人格、

---

〔1〕 参见李俊义：“非政府间国际组织的国际法律地位研究”，华东政法大学 2010 年博士学位论文，第 70~83 页。

2007 年《里斯本条约》明确规定了欧盟的法律人格〔1〕等等。其二，国际组织在事实上享有相对于成员国的自主性，并且具有作为国际主体活动的有效能力。〔2〕一旦国际组织具备上述两项条件，便拥有来自国际习惯法的国际权利和义务。〔3〕但是，国际法院的上述意见仅仅针对政府间国际组织而言，能否类推适用以及在多大程度上能够适用于非政府间国际组织，尚仍存在疑问。

1986 年，欧洲共同体制定的《承认国际非政府组织法律人格的公约》（European Convention on the Recognition of the Legal Personality of INGOs），又为我们提供了以下标准：①该组织的宗旨与目的具有国际性职能并且是非营利性的；②该组织由一缔约国国内法调整的文书建立；③该组织在两个或两个以上国家履行职能、执行活动；④该组织在一缔约国领土上设有办公机构，并在该国或另一缔约方领土上设有管理和控制中心。只有一个非政府间国际组织同时满足了上述所有条件，该公约的缔约国才应承认其法律人格。但是，上述区域性国际公约是否具有一般国际法的普遍效力，显然又存在疑问。

《国际组织的责任条款草案》第 2 条（a）款在界定该草案所适用的“国际组织”时，并未明确将其局限在“政府间”国际组织的范围内。一方面，根据 1969 年《维也纳条约法公约》第 2 条〔4〕和尚未生效的 1986 年《关于国家和国际组织间或国

〔1〕 Article 47, Consolidated Versions of the Treaty on European Union, Council of the European Union, 6655/1/08, Rev1.《里斯本条约》的全称是《修改〈欧洲联盟条约〉与〈欧洲共同体条约〉的里斯本条约》（Treaty of Lisbon Amending the Treaty on European Union and the Treaty Establishing the European Community）。Treaty of Lisbon, Official Journal of the European Union, 2007, C306.

〔2〕 See Antonio Cassese, *International Law*, Oxford University Press, 2005, p. 137.

〔3〕 See Antonio Cassese, *International Law*, Oxford University Press, 2005, p. 137.

〔4〕 原文为：“称‘条约’者，谓国家间所缔结而以国际法为准之国际书面协定，不论其载于一项单独文书或两项以上相互有关之文书内，亦不论其特定名称为何。”

际组织相互间条约法的维也纳公约》第 2 条[1]对于条约的定义，条约可以为国家之间、国家与国际组织之间或者国际组织与国际组织之间缔结，因而似乎也并不局限于“政府间”；另一方面，非政府间国际组织也可以依据“受国际法制约的其他文书”建立。至于国际组织的成员，除国家外还可以包括其他实体，这同样适用于非政府间国际组织。

2.2 国际组织与其成员间责任问题的法理基础

法谚有云：“无责任则无法”，可见“责任”作为一种要件、要素对于法律规则、法律制度乃至整个法律体系的重要性。国际法体系中，由于规则制定、效力等级、运行机制和执行制度等方面与国内法的差异，其法律“责任”方面的特征也十分不明显，但这并不影响责任要素对于国际法的意义和作用，因为国际法在本质上仍然属于法的一个部门。[2]

国际法上的责任，是根据国际人格者的地位所附加的，[3]而否定责任“将毁灭国际法，因为否定为了实施的不法行为所

---

〔1〕 原文为：“条约指一个或更多国家和一个或更多国际组织间或国际组织相互间以书面缔结并受国际法支配的国际协议，不论其载于一项单独的文书或两项或更多有关文书内，也不论其特定的名称为何。”

〔2〕 毫无疑问，国际法虽然属于法的一个部门，但它却又不同于国内法，而是自成体系的一类法律。有学者认为，国际法的概念包括两方面：一方面它是法，另一方面与国内法相对照，它是一种特殊的法，是一种“国际”的法。参见梁西主编：《国际法》，武汉大学出版社 2000 年版，第 10 页。又有学者在其著作中专用一章将国际法的特性概括为中央机关的缺少、义务的相对性、强行的和柔性的规范相结合等十四个方面。参见［奥］阿·菲德罗斯：《国际法》（上册），李浩培译，商务印书馆 1981 年版，第 153~171 页。

〔3〕 参见［英］詹宁斯、瓦茨修订：《奥本海国际法》（第 1 卷第 1 分册），王铁崖等译，中国大百科全书出版社 1995 年版，第 401 页。

负的责任，也就取消了各国按照国际法行动的义务”，[1]只有对违反了某种法律秩序的不法行为者，自动地施加以制裁，使其承担赔偿和恢复原状的义务，才可能维持这一秩序。[2]因此，“责任”是任何法律体系中都不可或缺的要素，也是“传统国际法上非常重要的一个领域，并且构成整个国际法理论体系的中心要素”。[3]

2.2.1 “责任”的用语与内涵

汉语中的“责任”一词，其含义比较明确和固定，基本不存在用语上的分歧，它主要包括以下几层内涵：①分内应做的事；②没有做好分内应做的事，因而应当承担的过失。[4]

然而，在有关国际组织责任的英文文献中，“责任”一词分别存在“Liability”“Responsibility”和“Accountability”三种英文表述，这三种表述无论是在用语含义上还是在法律内涵上，都是有所不同的。曾有国际法学学者对国际性裁判机构使用“责任”一词进行研究后认为，将“责任”（responsibility）等同于“义务”或者另一形式的“责任”（liability），是对该词不适当的使用；而在通常意义上、道德意义上和法律意义上的“责任”（responsibility），其含义都是不同的。[5]因此，有必要对此

---

〔1〕［奥］阿·菲德罗斯：《国际法》（下册），李浩培译，商务印书馆 1981 年版，第 445 页。

〔2〕 See Bin Cheng, *General Principles of Law: As Applied by International Courts and Tribunals*, Cambridge: Grotius Publications, 1987, p. 170.

〔3〕 Roslyn Higgins, *Problems & Process: International Law and How We Use It*, Clarendon Press, 1994, p. 146.

〔4〕 中国社会科学院语言研究所词典编辑室编：《现代汉语词典》，商务印书馆 1983 年版，第 1444 页。

〔5〕 See Bin Cheng, *General Principles of Law: As Applied by International Courts and Tribunals*, Cambridge: Grotius Publications, 1987, pp. 163~170.

问题予以一定的厘清，这将有助于进一步明确国际组织“责任”的具体内涵。

《维也纳条约法公约》第 31 条规定了条约的解释通则，即“条约应依其用语按其上下文并参照条约之目的及宗旨所具有之通常意义，善意解释之”，这条解释通则强调了用语含义在国际法文献解释中的重要地位。这种方法也可以借鉴到解释国际组织“责任”用语含义的问题上，并通过用语含义探查其背后的法律内涵。

就字面含义而言，“Responsibility”最基本的含义是：对人、事、物承担责任（a duty to deal with or take care of somebody or something，so that you may be blamed if it goes wrong）；其次，该词引申为对事故、错误所负有的责任（blame for something bad that has happened）；最后，该词还含有一种根据道义、地位、职位等因素而产生的职责、义务和任务，这是最广义的一层责任含义。〔1〕“Liability”是指法律上负有的某种责任（being legally responsible for something），也可以指负债（owes money）。〔2〕“Accountability”在表示“责任、负责”的基本含义上与“Responsibility”相类似，但还特别指代公司董事向股东所负的责任，〔3〕这层特指的含义尤其应当注意，因为在很多方面国际组织与其成员之间的关系，可以与公司和其股东的关系相互类比。

在法律内涵方面，国内法理学对于法律责任的概念，并没有一致的意见，主要有义务说、处罚说、后果说、责任能力说及法

〔1〕 参见［英］A. S. 霍思比：《牛津高阶英汉双解词典》，王玉章、赵翠莲、邹晓玲译，商务印书馆、牛津大学出版社 2009 年版，第 1699 页。

〔2〕 参见［英］A. S. 霍思比：《牛津高阶英汉双解词典》，王玉章、赵翠莲、邹晓玲译，商务印书馆、牛津大学出版社 2009 年版，第 1162 页。

〔3〕 参见［英］A. S. 霍思比：《牛津高阶英汉双解词典》，王玉章、赵翠莲、邹晓玲译，商务印书馆、牛津大学出版社 2009 年版，第 13 页。

律地位说等等。其中，主要包括三种观点：①把法律责任界定为法律的否定性评价；②把法律责任界定为法律上的不利后果；③把法律责任界定为一种特殊意义上的义务。[1]有学者认为，法律责任也包括汉语中责任的两层含义，但在多数场合，法律责任是指“行为人做某种事或不做某种事所应承担的后果”。[2]西方学者中，有一种代表性观点认为：“法律责任是与义务相关的概念。一个人在法律上要对一定行为负责，或者他为此承担法律责任，意思就是，他作相反行为时，他应受制裁。”[3]

再就国际法内涵而言，对于“Liability”和“Responsibility”两个用语的使用，在学界、实务界并无一致的意见。在有关国际组织责任问题的条约草案编纂文件中，联合国国际法委员会使用的便是“Draft Articles on the Responsibility of International Organizations”，而在国际法研究院（Institute of International Law, Institut De Droit International）编纂的“The Legal Consequences for Member States of the Non-fulfillment by International Organizations of Their Obligations Toward Third Parties”报告中，则大多使用了“Liability”的用语。此外，国际法协会（International Law Association）也曾就“Accountability of International Organizations”的主体问题作出过报告。[4]当然，这些报告、草案所强调的法律问题是不同的，后文将会对此进一步阐述，这里仅作用语差异上的交代。

一般情况下，“Responsibility”的用语用在与违反国际法的

---

〔1〕 参见张文显主编：《法理学》，高等教育出版社 2003 年版，第 143~144 页。

〔2〕 沈宗灵主编：《法理学》，北京大学出版社 2003 年版，第 356 页。

〔3〕［奥］凯尔森：《法与国家的一般理论》，沈宗灵译，中国大百科全书出版社 1996 年版，第 65 页。

〔4〕 See “Committee on Accountability of International Organizations”, Taipei Conference, *International Law Association*, 1998.

行为相关的领域和语境中；相比而言，“Liability”具有较为广泛的内涵，它不仅涉及违法行为，还涉及引起损害或伤害（damage or injury）的不违法（not unlawful）行为。这三个用语之中，“Accountability”的用语具有最广泛的内涵，它不仅涵盖上述两种用语的内涵，也涵盖必须遵守和执行内部、外部形式法人的审查、监察和关注等内涵，[1]因而“有必要涉及法律、政治、行政和财政体制以及由此产生的监管、行为框架等方面”。[2]

从上述种种区分中可以看出，在“Responsibility of International Organizations”的语境下，这一论题所关注的问题主要包括两个方面：一方面，该论题主要关注的是国际组织的法律责任问题，这一用语排除了对其道义、地位、职责等方面非法律责任问题的考察；另一方面，该论题主要关注的是国际组织违反国际法的行为所发生的法律后果，以及由此应当承担的法律责任问题，因为这一用语也明显排除了对于国际组织的不违法行为或者导致了损害、伤害的行为，应当承担的法律责任问题的考察。由此，我们大体划分出了国际组织责任问题上的主要法律问题，这也正是本书的主要论题和论域，但书中也难免会涉及上述那些排除性事项。

2.2.2 初级规则与次级规则

国际组织责任问题的用语区分和论域的确定，还涉及法理学上的一个基本问题，也就是初级规则与次级规则的区分问题。这也是联合国国际法委员会在编纂《国际组织的责任条款草案》

---

〔1〕 See H. G. Schermers and N. M. Blokker, *International Institutional Law*, Martinus Nijhoff Publisher, 2011, p. 1583.

〔2〕 Malcolm N. Shaw, *International Law*, Cambridge University Press, 2003, pp. 1204~1205.

的工作中，最先需要确定的前提性问题之一。

在国际法上的众多条约、国际习惯法等规则中，存在不同类型的规则，分别规定着权利、义务和法律后果。“……法律规范被分割两个规范、两种‘应当’的陈述：一种陈述的大意是某人‘应当’遵守某种行为；另一种陈述的大意是另一个人在第一个规范被违反时应当执行制裁……只有在人们认识到要求不为不法行为的第一个规范，有赖于规定制裁的第二个规范，上面这样做法才是正当的。我们可以称第二个规范是主要规范(primary norm)、第一个规范是次要规范（secondary norm)，以表示这种主从关系。”〔1〕显然，凯尔森已经揭示了两类规则的基本内涵，但是现代法学理论将其“主从关系”作了调换，便形成了现在比较通用的概念。“施加义务的规则称为初级规则，而违反这些初级规则所产生法律后果的规则，则称为次级规则。”〔2〕法律责任是一种不利的法律后果，因而规定了法律责任的产生、构成、归属、内容、承担方式等问题的规则就属于次级规则的范畴。〔3〕

联合国国际法委员会在编纂《国家责任条款草案》时，特别报告员阿戈就曾指出，应严格区分研究国家对其不法行为责

〔1〕［奥］凯尔森：《法与国家的一般理论》，沈宗灵译，中国大百科全书出版社1996年版，第67~68页。

〔2〕 贺其治：《国家责任法及案例浅析》，法律出版社2003年版，第14页。

〔3〕 此处附带澄清一种观点，哈特也曾提出过有关“第一性的规则”与“第二性的规则”的分类。他认为：“第一性的那类规则，人们被要求去做或不做某种行为，而不管他们愿意与否。另一类规则在某种意义上依附于前者或对前者来说是第二性的，因为它们规定人们可以通过做某种事情或表达某种意思，引入新的第一规则，废除或修改旧规则，或者以各种方式决定它们的作用范围或控制它们的运作。第一类规则设定义务，第二类规则授予权力，公权力或私权力。”可见，哈特提出的“第一性的规则”相当于一种强制性的义务规则，而“第二性的规则”则类似于一种授权规则。无论怎样，哈特的分类与凯尔森的分类以及现代通用的“初级规则”和“次级规则”的分类都相去甚远，不应混淆。［英］哈特：《法律的概念》，张文显等译，中国大百科全书出版社1996年版，第83页。

任的任务与确立对国家施加义务的规则的任务；确定一项规则及其所施加的义务是一回事，确定这些义务是否已被违反以及所产生的后果是另一回事，只有后一个方面的问题才属于责任问题的范畴。[1]国际法委员会还曾明确指出，确定国际法对国家施加特定义务的规则，这些规则在一定意义上可以称为“初级规则”，而确定未能履行初级规则的法律后果的规则，则可以称为“次级规则”，只有后者才属于责任本身的范畴。[2]

正如国际法委员会所承认的那样，《国际组织的责任条款草案》在编纂时，同样考虑到并采用了上述区分。这样的区分有利有弊，一方面为该草案的编纂回避了许多充满分歧的问题，并可以使编纂工作从不计其数的实体规则中解脱出来，专注研究属于责任本身的问题；另一方面，回避实体规则、特别规则等问题的本身，必然导致该草案在适用上的局限性。例如，该草案第 64 条明确规定：“如国际不法行为存在的条件或国际组织或国家涉及国际组织之行为的国际责任的内容或履行须遵守国际法特别规则，则不适用本条款草案。这种国际法特别规则可能载于适用于国际组织同其成员之间关系的组织规则。”这样的规定和局限无疑将使该草案的适用范围、实践功能大打折扣。

2.2.3 外部责任与内部责任

国内法上的法人组织对外可以以自己的名义和财产，独立地行使权利、履行义务并承担责任。但是，法人这种组织形态毫无疑问是法律上的一种拟制，它并不能产生自己的思想、意图和意志，它的财产也来源于其股东的出资和认缴。这样，便

---

〔1〕 参见《国际法委员会年鉴》（第 2 卷），1970 年版，第 306 页。

〔2〕 参见《国际法委员会年鉴》（第 2 卷），1973 年版，第 169~170 页。

产生了两层关系：法人对外的外部关系和法人与股东之间的内部关系，这两层关系上的权利义务也分别在法律上产生了法人的外部责任与内部责任。

具有法律人格的国际组织与法人的形态相类似，也并存着上述两层责任关系：国际组织与其他国际法主体之间的外部责任关系；国际组织与其职员、成员之间的内部责任关系。

具体而言，国际组织的外部责任主要表现在，国际组织对其违反国际法的行为所承担的责任，以及国际组织因其受到损害或其职员受到伤害所提起的赔偿诉求。《国际组织的责任条款草案》第 3 条规定："国际组织的每一国际不法行为均引起该组织的国际责任。"国家、其他国际组织等国际法主体可以援引相关国际法规则，对国际组织的不法行为提出诉求，要求其承担相应的国际法责任。

国际组织的内部责任主要表现在，国际组织对其职员因人事管理、行政管理、奖励处罚等内部管理事项产生的责任问题。许多国际组织都建立了行政法庭机构或内部申诉机制，负责受理其职员因内部管理事项而产生的争议问题，以保障国际组织宪章性文件的实施，保护其职员的权利。联合国行政法庭（UNAT）、国际劳工组织行政法庭（ILOAT）等机构都是这方面的典型代表。

此外，《国际组织的责任条款草案》第 10 条第 1 款规定："如果国际组织的行为不符合国际义务对它的要求，该组织即违反了该国际义务，不论该义务的起源或特性为何。"根据该条第 2 款的规定，上述第 1 款同样适用于国际组织违反其依组织规则对成员的义务的情况。这样也就产生了国际组织因其违反组织规则的义务，而引起的对成员的责任问题，这也是国际组织内部责任问题的另一个方面。

法人组织由于其天然的局限性，法律为此特别设立了"公司法人人格否定”制度。根据我国《公司法》第20条的规定，公司股东“不得滥用公司法人独立地位和股东有限责任损害公司债权人的利益”，“公司股东滥用公司法人独立地位和股东有限责任，逃避债务，严重损害公司债权人利益的，应当对公司债务承担连带责任”。在特定条件下，也存在国际组织的人格否定制度，即国际组织“揭开面纱”制度，国际组织的成员有义务对该组织的行为承担连带责任，即直接对第三方承担责任，由此引起国际组织成员的外部责任这一特殊形态的责任问题。

国际组织因其内部管理事项而产生的责任问题大多不属于国际法的直接调整范畴，〔1〕因此，本书将主要探讨国际组织因其不法行为产生的对国家、其他国际组织的外部责任问题，以及国际组织对其成员的内部责任问题。此外，由于国际组织法律人格的局限性，本书还将深入探讨由此产生的国际组织成员对第三方的责任问题。

2.3 国际组织责任法的编纂与发展

2.3.1 国际组织责任法的编纂

2.3.1.1 联合国国际法委员会的编纂

联合国国际法委员会（以下简称“国际法委员会”）对于

〔1〕 这里需要强调的是，此种类型责任问题在实体上，也就是争议事项的权利义务问题上，不属于国际法的直接调整范畴，但它们并不是完全与国际法无关的。从争议当事方来看，国际组织及其职员都带有国际性因素；在程序上，国际劳工组织、联合国教科文组织等都允许被告组织就行政法庭裁决的有效性问题，向国际法院请求发表咨询意见，该意见具有约束力，这在一定程度上充当了上诉的功能。联合国行政法庭也有类似的规定，不服裁决的职员个人也可以通过秘书长，请求国际法院发表咨询意见。国际法院也曾就某些国际组织行政法庭的裁决作出过咨询意见，如1956年“国际劳工组织行政法庭针对投诉联合国教科文组织的裁决”咨询意见，1973年“审查联合国行政法庭第158号裁决的请求”咨询意见等。

国际组织责任这一问题的关注和讨论，可以一直追溯到 20 世纪 60 年代。当时，国际法委员会在讨论国家之间、国家与国际组织之间的关系问题时，就曾提出过国际组织的责任问题，并在之后编纂《国家责任条款草案》的过程中得以集中体现。经过二读审议通过后，《国家责任条款草案》第 57 条“国际组织的责任”规定：“本条款不影响一国际组织依国际法承担的，或任何国家对一国际组织的行为的责任的任何问题。”这一条款明确提出了国际组织的责任问题，以及国家对一国际组织的行为的责任问题。正是由于国际法委员会在编纂《国家责任条款草案》时，充分考虑到了国际组织的特殊情况，因而将上述问题排除在外，留待以后予以专门研究和编纂。

后来，国际法委员会在讨论和编纂 1975 年《关于国家在对国际组织关系问题上的代表权公约》、1986 年《关于国家和国际组织间或国际组织相互间条约法的维也纳公约》时，也曾讨论过国际组织的责任问题。但由于各种因素的限制，尤其是国际组织自身实践的有限性、国际社会对国际组织发展认识上的局限性、国际法相关理论发展上的争议与分歧等主观、客观因素的影响，国际组织责任法的编纂问题一直未能进入实质性阶段，而仅仅停留在对该问题的提出、关注与思考的层面。

2001 年，在《国家责任条款草案》获得国际法委员会二读通过后，同年 12 月，联合国大会通过了第 56/82 号决议，提请国际法委员会开展“国际组织的责任”专题工作。2002 年 5 月，国际法委员会第 54 届会议，正式决定将这一专题列入工作方案，任命意大利籍委员、佛罗伦萨大学乔治·加亚（Giorgio Gaja）教授担任该专题的特别报告员，并为此设立了专题工作组。自此，国际组织责任法的编纂工作进入了实质性阶段。

在《国际组织的责任条款草案》具体编纂的过程中，特别报告员按照先宏观再微观、先整体再局部、按逻辑结构分层递进的总体思路，分别提出报告以及相关部分的建议条款。首先，研究了该专题的范围，以及与其他已研究专题的关系，尤其是与《国家责任条款草案》的关系，由此提出了草案的适用范围、术语解释和一般原则，后者包括责任的定性及构成要件等，作为草案的基础条款。其次，研究讨论了国际组织违法行为的归属问题，即哪些违法行为可以归属于或推定为国际组织的行为，从而确定了行为的主体，以解决责任构成中的主体要件问题。再次，研究讨论了违法行为的发生、认定及性质等问题，从而解决责任构成中的客观要件问题，并研究提出了解除行为不法性的情况，即责任构成中的免责事由，构成责任承担问题的例外条款。复次，研究讨论了责任的内容及其履行问题，这部分内容主要参考了《国家责任条款草案》的相关内容，二者在结构和内容上都有较大的相似性。最后，研究提出了国家对国际组织行为的责任问题，这既是《国家责任条款草案》的遗留问题，也是国际组织责任法上的一项特殊问题。〔1〕

可见，由于在很大程度上借鉴了之前《国家责任条款草案》的编纂结构和内容，这一方面使得《国际组织的责任条款草案》的编纂工作具有前车之鉴，整个草案在逻辑上环环相扣、层层递进，在内容上也显得丰富、具体，在立法技术和经验方面都较为成熟；另一方面，特别报告员和国际法委员会的编纂工作并没有完全局限于之前的编纂草案中，而是充分考虑到了国际组织与国家以及二者在责任构成、承担、履行等方面的区别，

〔1〕 本书在此并不致力于对联合国国际法委员会的整个编纂过程作出详尽的阐述，而是归纳出其中比较重要、关键的环节或阶段，从而有助于突出其编纂过程中的重点问题。有关国际法委员会的详细编纂过程，可参见联合国国际法委员会网站：http://untreaty. un. org/ilc/guide/9_ 11. htm，2012 年 11 月 23 日访问；也可参见王立君："国际组织责任的若干问题评析"，载《法学评论》2010 年第 4 期。

创造性地形成了一些特定的新规则、新条款，这在很大程度上是对相关领域内国际法的发展。正如国际法委员会在草案评注中所阐释的那样："虽然本条款草案在许多方面类似于国家责任条款，但本条款草案是一套自主性的案文。每一个问题都从国际组织的责任的具体角度加以考虑。一些规定处理了对于国际组织独有的问题。"〔1〕

由于国际组织责任问题的有关实践仍相对有限，使得该草案的"编纂"与"逐渐发展"之间的边界向后者移动，并可能出现这样一种情况：在《国家责任条款草案》中的一项规则可能代表着"编纂"，而在《国际组织的责任条款草案》中的类似规则则可能更接近于"逐渐发展"。〔2〕

2009 年，在特别报告员提交了七份报告之后，《国际组织的责任条款草案》经国际法委员会审议，获得一读通过。按照该委员会的工作惯例，将一读后的草案印发给国家和国际组织，征求意见、建议和评论。2011 年，特别报告员针对国际法委员会收获的上述意见、建议和评论，提交了第八份报告，这也是该草案获得二读通过之前的最后一份报告。同年，该草案在国际法委员会第 63 届会议上获得二读通过。至此，国际组织的责任法问题在联合国国际法委员会的研究与编纂工作已经初步完成。

2.3.1.2 国际法研究院的编纂

国际组织的责任问题，尤其是国际组织成员国对第三方的责任问题，一直也是国际法研究院所关注和研究的对象。为此，

〔1〕"Draft Articles on the Responsibility of International Organizations", with Commentaries, *Yearbook of the International Law Commission*, 2011, vol. Ⅱ, Part Two, General Commentary, (4).

〔2〕"Draft Articles on the Responsibility of International Organizations", with Commentaries, *Yearbook of the International Law Commission*, 2011, vol. Ⅱ, Part Two, General Commentary, (5).

该研究院专门任命了国际法院前任法官、伦敦大学国际法学教授达姆·罗莎琳·希金斯（Dame Rosalyn Higgins）女士，主持这项研究和编纂工作。1995 年，在里斯本年会上，国际法研究院通过了《国际组织不履行对第三方的义务而对成员国引发的法律后果》决议（以下简称《第三方义务对成员国的法律后果》），作为上述研究和编纂工作的主要成果。

《第三方义务对成员国的法律后果》由序言和正文组成，后者又包括“用语”“现行法律”和“可取的发展”三个部分，共 12 个条文。《第三方义务对成员国的法律后果》比较全面地研究、概括了有关国际组织成员对该组织的第三方责任或对外责任的现行国际法理论和实践，以及有关该问题已经取得的成果和共识，也对该问题提出了一些建设性的观点和意见。《第三方义务对成员国的法律后果》不仅为该问题确立了一些国际法原则基础，更在若干关键性问题上有着独到的贡献。

尽管，《第三方义务对成员国的法律后果》作为国际法学民间学术机构的研究成果，并不具有国际法上的效力，但它的权威与作用一直为国际法学界所重视，该决议也为联合国国际法委员会其后编纂和发展《国际组织的责任条款草案》提供了宝贵的借鉴。

2.3.1.2.1 前提事项

首先，在价值取向方面，《第三方义务对成员国的法律后果》序言部分明确指出，该决议试图在国际组织独立承担责任和保护与国际组织交易的第三方之间寻求平衡，并力求促进国际组织的可靠性；但由于充分考虑到国际组织在成员、结构和职能方面的多样性，以及相关国际实践的不足，《第三方义务对成员国的法律后果》意识到其规则可能并不能适用于所有的国际组织。

其次，在适用范围方面，《第三方义务对成员国的法律后果》适用于国际法律人格独立于其成员的国际组织；在责任划分方面，《第三方义务对成员国的法律后果》中的“责任”（liability）包括连带责任（concurrent liability）和补充责任（subsidiary liability）两种类型：前者是指具有法律诉权的第三方有权选择向国际组织或其成员提出诉求的责任。在此种情形下，国际组织或其成员均应当先对第三方承担责任，再根据一定的规则对责任进行内部分担，而不得以内部理由拒绝承担责任。后者是指具有法律诉权的第三方，只有当国际组织不履行相应的责任时，才有权向其成员提出救济诉求的责任。在此种情形下，第三方必须先向国际组织提出诉求，只有在其不履行责任的前提下，国际组织的成员才对此承担相应的补充责任。《第三方义务对成员国的法律后果》中的“第三方”是指除了国际组织自身之外的私人团体、国家或组织，并包括不以国际组织机构或机构成员身份履行职能的成员国。在“组织规则”（rules of the organization）的范围上，《第三方义务对成员国的法律后果》采用了一种广义的界定，即不仅包括国际组织的宪章性文件及其修正案以及据此制定的规章，还包括依据宪章性文件和组织实践制定的具有约束力的决定和决议。[1]

2.3.1.2.2 现行规则

首先，在原则上，凡是具有独立国际法律人格的国际组织，对于自身所负的对第三方的义务，都应当承担法律责任。这些义务可以来源于国际法（包括该国际组织自身的组织规则），也可以来源于某个特定国家的国内法。国际组织的成员国是否

〔1〕“The Legal Consequences for Member States of the Non-fulfilment by International Organizations of their Obligations toward Third Parties”, Session of Lisbonne, *The Institute of International Law*, 1995, Article 1, Article 2.

仅仅因为其在该组织中的成员地位而承担连带责任或补充责任，以及第三方是否应当在国际法院、法庭或国内法院提出诉求，这些都应当属于国际法上的问题，应适用有关国际法予以解决。

其次，在归责问题上，成员国对于由于国际组织的义务所应当承担的责任问题，应当根据该国际组织的组织规则来决定。但在一些特殊情形下，如默许（acquiescence）或滥用权利（abuse of rights），成员国应当根据相应的一般国际法原则（general principle of international law），对国际组织的义务承担责任。此外，成员国还可能因为保证行为以及在法律上或事实上作为国际组织代理人的行动，从而对其所属的国际组织的义务承担责任。除此之外，并没有一般国际法规则要求成员国仅仅因为成员地位，而对国际组织的义务承担连带或补充责任。

许多国际组织在其组织规则中特别规定了排除或限制成员责任以及有关国际组织解散的条款，但是并不能够从这些条款中推理得出一般国际法规则（general rule of international law）对于成员国责任的规定。同时，也并不能仅仅因为国家通过建立国际组织来完成其自身目的，或是第三方基于国际组织的行为已经超越权限（ultra vires）的事实，而引发国际组织成员国的责任。

最后，《第三方义务对成员国的法律后果》还认为，除非国际组织的组织规则有特别规定，否则没有必要区分契约行为或其他类型的成员国责任。[1]

---

〔1〕“The Legal Consequences for Member States of the Non-fulfilment by International Organizations of their Obligations toward Third Parties”, Session of Lisbonne, *The Institute of International Law*, 1995, Article 3 to Article 7.

2.3.1.2.3 可取建议

首先，应当充分考虑有关政策对于国际组织成员对第三方责任问题发展出普遍、翔实的国际法规则所带来的不利影响，这些政策也包括支持国际组织职能上的独立性与可靠性，支持新的国际组织的建立等。

其次，应当充分考虑建立相应的政策，促使第三方清楚地知晓作为交易对方的国际组织，究竟是独立承担财产上的责任，还是与其成员共同承担或者由其成员承担补充责任，从而更有利于第三方自主地选择自身的行为方式。因此，国际组织可以相应地通过以下方式，具体规定自身的责任地位：在其组织规则或合同中特别规定；在交易之前与第三方沟通联系；回应第三方关于这一问题的询问。如果上述这些方式均未能获得采用，那么这将成为考虑成员国责任承担问题的相关事实。

除非组织规则有所禁止，成员国也可以在与第三方交易之前，具体地排除或限定自身对于国际组织的责任，但这一权利并不影响成员对国际组织承担的分摊税费、缴纳会员费等方面的义务。如果成员国对国际组织的义务承担责任，除组织规则另有规定外，成员国的责任应该与其分摊的税费或缴纳的会员费成比例。

再次，国际组织应在组织规则中规定其解散时外部责任的处理方式。如果国际组织基于其独立人格，独自对外承担责任，它的财产将被优先用于处理这些责任。当组织规则没有规定国际组织对外责任的处理办法时，除非有明显的事实反证，应当推定其成员国同意当该组织财产不足以承担责任时，由其成员国根据比例原则对此承担相应的补充责任。当出现成员国退出国际组织，或者离国际组织的解散不满1年的情况时，成员国的责任问题应根据其在国际组织解散时的地位决定。

最后，当国际组织的规则规定了成员国的责任时，应当同时规定相应的具有约束力的国际仲裁或其他机制，以处理、解决国际组织与其成员之间、成员之间的责任纠纷和争议。[1]

2.3.2 国际组织责任法的发展

正如上文所述，无论是联合国国际法委员会还是国际法研究院，在编纂国际组织责任法的有关专题时，都在不同程度上发展了该专题有关国际法的规则、制度和理论。结合上述两个机构的编纂成果，通过比较国际组织责任法与国家责任法的相似和相异之处，将有利于归纳出国际组织责任法的发展要点。

2.3.2.1 国际组织责任法与国家责任法的比较

2.3.2.1.1 相似之处

（1）除了主体，责任的构成要件方面是相同的。根据《国家责任条款草案》第1、2条的规定和《国际组织的责任条款草案》第3、4条的规定，每一国际不法行为均引起一国或一国际组织的国际责任，只要该行为（包括作为和不作为）依据国际法归属于该国或该国际组织，并且该行为构成对该国或该国际组织国际义务的违背。可见，在责任的构成要件方面，国家责任的构成要件同样适用于国际组织的责任。

（2）在行为的归属方面，“机关或代理人的行为”“交由支配的机关行为”“逾越权限或违背指示的行为”以及“承认并当作其本身行为的行为”均可以认定为归属于该国或该国际组织

[1] “The Legal Consequences for Member States of the Non-fulfilment by International Organizations of Their Obligations Toward Third Parties”, Session of Lisbonne, *The Institute of International Law*, 1995, Article 8 to Article 12.

的行为，由该国家或国际组织承担法律责任。[1]

（3）在违反国际义务的认定方面，只要一国或一国际组织的行为不符合国际义务的要求，即违反了该义务，而不论该义务的起源和特性，但是违反的义务必须是有效的且具有约束力。在有关“延续性行为”和“复合性行为”的认定方面，国家和国际组织都具有相似性。[2]

（4）在对另一国家行为的责任认定方面，国家或国际组织对于“援助或协助实施国际不法行为”“指挥和控制国际不法行为的实施”“胁迫国家的行为”等均应当承担与其行为相适应的国际责任。这些行为类似于共同实施了违法行为，因而应当根据其在具体实施行为中的作用，分担或全部承担国际责任。[3]

（5）在解除行为不法性方面，原则上“同意”“自卫”“反措施”“不可抗力”“危难”“危急情况”以及“对强制性规范的遵守”均能够解除国家或国际组织行为的不法性，从而构成相应的免责条款，但根据《国家责任条款草案》第 27 条和《国际组织的责任条款草案》第 27 条，国家或国际组织仍应对这些行为所造成的任何物质损失给予补偿。[4]

（6）在国际责任的内容和履行方面，前者具体包括一般原则、损害赔偿、严重违反一般国际法强制性规范承担的义务等，后者具体包括责任的援引和反措施两大部分内容。除《国际组

---

〔1〕 参见《国家责任条款草案》第 4~11 条的规定；《国际组织的责任条款草案》第 6~9 条的规定。

〔2〕 参见《国家责任条款草案》第 12~15 条的规定；《国际组织的责任条款草案》第 10~13 条的规定。

〔3〕 参见《国家责任条款草案》第 16~18 条的规定；《国际组织的责任条款草案》第 14~18 条的规定。

〔4〕 参见《国家责任条款草案》第 20~27 条的规定；《国际组织的责任条款草案》第 20~27 条的规定。

织的责任条款草案》第 52 条规定了“国际组织成员采取反措施的条件”外，两个草案的其他内容基本一致。显然，这两部分规则在各自草案的整体内容中，大体属于程序性规则，因而对于国家和国际组织而言都具有一定的趋同性特征。[1]

(7) 在条款草案的适用方面，《国家责任条款草案》和《国际组织的责任条款草案》都具有一般性、剩余性和限制性三个特点，这些特点集中体现在两个草案最后一章的规定中。首先，一般性特点是指如果当国际不法行为的存在条件或国际责任的内容或履行应当由国际法特别规则规定的情况下，则不适用该草案条款的规定，应遵循特别法优于一般法的法理原则。其次，相对于国际法的特别规则，草案条款又具有剩余性特点，在适用顺序上遵循剩余性规则。最后，限制性特点表现在两个方面：一方面，在草案条款没有规定的情形下，有关国家责任和国际组织的责任问题仍应遵守可适用的国际法规则，因而草案规则相对于一般国际法规则而言具有限制性效力，在某种程度上草案条款又可以构成一般国际法的“特别法”；另一方面，草案条款的规定并不影响国际法中的个人责任问题，也不影响《联合国宪章》的规定，这就表明在上述两方面问题上，草案条款并无效力。[2]此外，《国际组织的责任条款草案》专设“导言”部分明确了草案的适用范围以及包括“国际组织”“国际组织的规则”等草案核心概念在内的术语的法定解释，更有利于该草案在实践中的具体适用。

---

〔1〕 参见《国家责任条款草案》第 28~41 条的规定，第 42~54 条的规定；《国际组织的责任条款草案》第 28~42 条的规定，第 43~57 条的规定。

〔2〕 参见《国家责任条款草案》第 55~59 条的规定；《国际组织的责任条款草案》第 64~67 条的规定。

2.3.2.1.2 相异之处

首先，在行为的归属方面，由于国际组织在是否拥有主权、领土和政府等要素方面与国家根本不同，“受到国家指挥或控制的行为”“正式当局不存在或缺席时实施的行为”“叛乱运动或其他运动的行为”等可以归属于国家的行为，并不能适用于国际组织。

其次，国际组织还可能对另一国际组织实施“援助或协助”“指挥和控制”或“胁迫”其实施国际不法行为等。此外，由于国际组织的组织化特点及其与成员之间的关系，《国际组织的责任条款草案》在这一部分，还通过第 17 条规定了“通过向成员发出决定和授权而避免承担国际义务”的情形，在上述情形下，无论有关行为对于该成员是否构成国际不法行为，该国际组织均负有国际责任。该草案第 18 条还规定了“作为另一国际组织成员的国际组织的责任”，作为另一国际组织成员的国际组织也可能因前者的行为产生国际责任。这些情况都是《国家责任条款草案》不具备的。

再次，在实施“反措施”的要件方面，国际组织与国家也存在着明显的不同。“反措施”是有关国际责任履行的一项制度，主要包括目的和限制、不受反措施影响的义务、相称性原则、与采取反措施有关的条件、反措施的终止以及受害者以外的国家或国际组织采取措施等具体规则。其中，《国际组织的责任条款草案》第 52 条规定了国际组织的成员对该国际组织采取反措施的条件，这既是制度上的一项创新，也是与国家责任较大的不同之处。首先，在一般情况下，责任国际组织的受害成员国或国际组织不得因其违反了自身组织规则所规定的国际义务，而对其采取反措施，除非该组织规则规定了此种反措施，这是一般性原则。其次，在遵守上述原则的前提下，国际组织成员对其所属的组织采取反措施，还必须同时满足三个条件：①草案第 51 条规定的采取反措施的目的和限制得到满足；[1]②反措施并非不符合该国际组织的组织规则；③别无其他适当手段促使该责任国际组织履行停止违法行为和作出赔偿的义务。可见，国际组织成员对其所属的组织采取反措施的条件要远远高于一般性条件，不仅要受到组织规则的限制，还必须作为促使责任国际组织履行停止违法行为、作出赔偿义务最后的救济手段。

最后，国家对国际组织行为的责任是《国际组织的责任条款草案》所专有规定的部分。《国家责任条款草案》第 57 条规定："本条款不影响一国际组织依国际法承担的，或任何国家对一国际组织的行为的责任的任何问题。"因此，这一部分规定留给了《国际组织的责任条款草案》去解决。该草案第五部分共有六个条文，除去最后一条有关该部分效力的规定之外，前三个条文规定了国家利用国际组织，从事共同违法行为的情形：①国家援助或协助国际组织实施国际不法行为。对此国际组织仍应该承担主要责任，而国家应对其援助或协助行为承担责任；②国家指挥和控制国际组织实施国际不法行为。在此种关系中，国家扮演了类似于刑法上"间接正犯"的角色，因而应当对该行为承担责任；③国家胁迫国际组织实施国际不法行为。在此种情形下，国际组织的"意志"受到了外在的威胁、压迫，并非出自其本意，因而可以免责，应由真正的"造意"者国家，对此承担责任。草案该部分后两条条文，则规定了国际组织成员国承担责任的情形：①国际组织成员国规避国际义务。即成

---

〔1〕《国际组织的责任条款草案》第 51 条规定："(1) 受害国或受害的国际组织只在为促使国际不法行为的责任国际组织依本条款草案第三部分履行其义务时，才可对该国际组织采取反措施。(2) 反措施限于采取措施的国家或国际组织暂不履行对责任国际组织的国际义务。(3) 反措施应尽可能容许恢复履行有关义务。(4) 反措施应尽可能限制其对责任国际组织行使其职能的影响。"

员国为规避国际义务，利用该国际组织的职权，实施若由该国实施即违反该义务的行为，该国应对此行为承担责任；②成员国对国际组织的部分行为承担责任。只要该国已接受该行为引起的对受害方的责任，或者该国已导致受害方认定它将承担责任。但无论何种情形，成员国的国际责任应推定为次要责任。

此外，在适用特别法的范围方面，《国际组织的责任条款草案》第 64 条规定了国际法特别规则的范围，“这种国际法特别规则可能载于适用于国际组织同其成员之间关系的组织规则”。这是由国际组织的特殊形态所决定的，《国家责任条款草案》第 55 条就没有类似的规定。

概括而言，联合国国际法委员会二读通过的《国际组织的责任条款草案》共 67 个条款中，除去与《国家责任条款草案》相同或近似的条款之外，共有 13 个独创性条款，其中第 1 条“本条款草案的范围”和第 2 条“术语”为技术性条款；第 18 条“作为另一国际组织成员的国际组织的责任”和第 50 条关于援引国际组织责任的范围，两个条款为一种“兜底性”适用方式的条款；第 52 条“国际组织成员采取反措施的条件”与第 22 条第 2、3 款，第 49 条第 4 款均是有关反措施的制度；第 17 条“通过向成员发出决定和授权而避免承担国际义务”、第 40 条“确保履行赔偿义务”和第五部分“国家对国际组织的行为的责任”第 58~63 条的内容则涉及国际组织与其成员之间的关系问题以及有关国际组织“揭开面纱”（piercing the veil）的理论和制度。

因此，国际组织与其成员之间的关系问题无疑是本书当然的论题，而国际组织成员采取反措施的特别制度与国际组织“揭开面纱”的理论和制度又将是本书有关章节重点关注和论述的内容。至于有关国际组织责任问题与《国际组织的责任条款草案》上的一些规则、制度空白，则可以在类比适用有关国家责任的规则、制度与原理的基础上，结合国际组织在法律人格、职能权限以及与其成员之间的关系等多方面特点，予以个案处理。〔1〕

2.3.2.2 决议与草案的比较

与《国际组织的责任条款草案》相比较，国际法研究院的《第三方义务对成员国的法律后果》则具有许多区别，这些区别在一定程度上也反映了《第三方义务对成员国的法律后果》的自身特色。有学者认为，尽管该决议得出的一般性结论是，并不存在要求国际组织成员承担第三方责任的一般国际法，但也研究列举了若干例外情形，而这些情形是有价值的。〔2〕通过对比上述草案与决议，可以得出以下结论：

首先，二者的主题重点不同。正如草案和决议的名称表述的不同，《国际组织的责任条款草案》对于国际组织及其成员国际不法行为的责任问题均有着全面的规定，其中既包括国际组织与国家之间、国际组织之间的责任问题，也包括成员对另一国际组织的责任问题。而《第三方义务对成员国的法律后果》重点规定的是，国际组织不履行其对第三方的义务而引发的对于成员国的法律后果，即成员国对第三方或对外的责任问题，这仅仅属于国际组织责任问题的一个方面。因此，草案的主题

〔1〕 有学者认为，通过对《国际组织的责任条款草案》和《国家责任条款草案》的比较分析，可以得出结论：对有关国际组织责任某些问题上的法律空白或者《国际组织的责任条款草案》未涉及的情形，一般可以类比适用《国家责任条款草案》中与国际组织职能有关的规则来处理。参见黄瑶："国际组织责任规则与国家责任规则之比较——以联合国国际法委员会有关条款草案为视角"，载《法学评论》2007年第2期。

〔2〕 Ian Brownlie, "The Responsibility of States for the Acts of International Organizations", *International Responsibility Today: Essays in Memory of Oscar Schachter*, Martinus Nijhoff Publisher, 2005, p. 356.

重点显然要广于决议，而后者的主题重点则显得更加突出、鲜明。

其次，二者的风格作用不同。相比较而言，由于联合国国际法委员会更具有“准立法”的职能，而国际法研究院则更具有“研究和建议性”职能，因而表现在二者的编纂成果上也有较大差别。《国际组织的责任条款草案》的表述更接近于成文法规则，具有较强的可适用性；而《第三方义务对成员国的法律后果》的表述则更体现出学者研究结论的风格，在可适用性方面不及前者，但它却更易于作出原则性论断，并能够针对自身论题提出若干颇有价值的建议。二者的风格、作用与价值各有所长，并能够形成一定的互补作用。

再次，二者在具体规则方面，既有相同也有相异之处。最重要的相同之处表现在：二者都认为，在一般情况下，国际组织的成员不应为该组织的不法行为承担第三方或对外责任。但在一些特殊情况下，国际组织的成员可能承担上述国际责任。对于这些具体的特殊情况，二者的规定不尽相同。决议规定了“默许”“滥用权利”以及“代理行为”的情况，而草案的规定要广于前者。包括：成员国援助或协助、指挥和控制、胁迫国际组织实施国际不法行为；国际组织成员国利用该国际组织规避国际义务。此外，在两类情况下，国际组织成员国应对该组织的国际不法行为承担责任：成员国已接受该行为引起的对受害方的责任；或者成员国已导致受害方认定它将承担责任。上述两类情况所产生的国家的第三方责任，均应推定为补充责任。

最后，应当指出的是，尽管草案和决议对于国际组织责任的相关问题做出了较大的贡献，但是它们仍或多或少存在许多不足之处，其中既包括实践的缺乏等客观原因，也包括学理上的分歧与折衷等主观因素，甚至还存在一些根本性问题，如以国际组织责任为中心和以国家责任为中心的方法，两种方法论的冲突与协调问题，等等。[1]这些都是不可避免的，并有待于通过理论和实践的不断发展解决。对此，本书将在后文中结合具体的规则、制度和案例，加以详细阐述。

2.3.2.3 评价

由于本章仅仅是对国际组织的责任问题这一论题，作出了必要的前提性阐述。因此，本书在此并不试图对该论题作出完整、详尽的评价，而是将对该论题最终的评价放在文章之末。本部分的评价主要集中于国际组织责任法的编纂与发展工作上，并针对其相应的成果作出整体上的评价。

正如上文一再强调的那样，联合国国际法委员会的《国际组织的责任条款草案》在宗旨、结构和内容方面，都在较大程度上沿袭了该委员会之前编纂的《国家责任条款草案》，但也根据国际组织的自身特点，在若干规则、制度方面有所创新和发展。上述两个草案之间的主要相同点与不同点，上文已作出了详细的阐述，其中相异之处正是《国际组织的责任条款草案》创新和发展的集中表现。

尽管，国际组织的相关实践仍不充分，在国际组织的责任领域也存在许多争议和分歧，甚至还有学者提出这样的问题：制定《国际组织的责任条款草案》究竟是一种潮流还是一种实际的需要？但是，正如这位学者经过研究所回答的那样，国际组织责任的许多要件与国家责任相似，“但当把这些要件应用到实践中，就会产生许多复杂情况，很显然并不能够将这些情况

---

〔1〕 Ian Brownlie, “The Responsibility of States for the Acts of International Organizations”, *International Responsibility Today: Essays in memory of Oscar Schachter*, Martinus Nijhoff Publisher, 2005, p. 362.

简单地比照国家责任的规则加以适用”。[1]因此，《国际组织的责任条款草案》的编纂和制定不仅仅是为了弥补国际责任法体系中国家责任制度之外的空缺，更是为了国际组织具体实践的现实需要。

《国际组织的责任条款草案》的编纂在理论和实践两个方面，归纳总结出了当前的理论成果、规则制度和实践经验，总体上体系完整、制度健全、规则具体、逻辑严谨，从而能够作为学理研究的基础和国际实践的指引，进而为国家、国际组织提供行动上的一种预期，这无疑十分必要并具有一定的价值。

联合国国际法委员会的主要职能包括促进“国际法之逐渐发展与编纂”，《国际组织的责任条款草案》的编纂将为未来国际社会制定、缔结有关国际组织责任的条约、公约奠定一定的基础。该草案的编纂反映了相关国际实践的需要和发展，在此基础上，通过今后的实践再次检验草案的规则、制度的必要性、可行性与实用性，将促使国际组织的责任制度从实践到认识、再到实践的循环往复过程，最终完成国际组织责任的理论和制度“否定之否定”的不断完善。

本章小结

本章主要探讨了国际组织与其成员间法律责任的基本问题和前提性问题。具体包括：国际责任法上“国际组织”的界定、国际组织与其成员间责任的法理基础、国际组织责任法的编纂与发展。

---

〔1〕 Niels M. Blokker, “Preparing Articles on Responsibility of International Organizations: Does the International Law Commission Take International Organizations Seriously? A Mid-term Review”, In Jan Klabbers, Asa Wallendahl, Edward Elgar, *Research Handbook on the Law of International Organizations*, 2011, p. 315.

首先，国际责任法上的“国际组织”应包括形式要件和实质要件两个方面。其中，前者要求此类国际组织应“依据条约或其他受国际法调整的文书建立”，其成员除国家外，还可以包括其他实体；后者则要求此类国际组织应“具有独立的国际法律人格”，这既是其能否独立地承担国际责任的重要前提，也是其能否适用《国际组织的责任条款草案》的条件之一。对于一个国际组织的成员和非成员而言，该组织取得法律人格的方式并不相同。在国际组织法律人格的内容中，又以缔约能力、派遣与接受使团的能力、获得与承担赔偿的能力最为重要。《国际组织的责任条款草案》没有一概排除对于非政府间国际组织的适用，只要后者依据受国际法调整的文书建立，并具有独立的国际法律人格。

其次，“责任”一词分别对应了英文“Liability，Responsibility”和“Accountability”三种表述，它们无论是用语含义还是法律内涵，都不相同。《国际组织的责任条款草案》采用了“Responsibility of International Organizations”的表述，说明该论题所关注的问题主要包括两个方面：一方面是国际组织的法律责任问题，这一用语排除了对其道义、地位、职责等方面非法律责任问题的考察；另一方面是对于国际组织违反国际法的行为所发生的法律后果，以及由此应当承担的法律责任问题，因为这一用语也明显排除了对于国际组织的不违法行为或者导致了损害、伤害的行为，而应当承担的法律责任问题的考察。

最后，本章以《国际组织的责任条款草案》和《国际组织不履行对第三方的义务而对成员国引发的法律后果》决议为文本，全面阐述了联合国国际法委员会和国际法研究院的编纂成果，并通过对比《国际组织的责任条款草案》与《国家责任的条款草案》《国际组织的责任条款草案》与《国际组织不履行对第三方的义务而对成员国引发的法律后果》决议之间的异同，从而总结出国际组织责任法的发展要点，形成了对于《国际组织的责任条款草案》特点和内容的整体认识。

3 国际组织与其成员间责任问题的法律调整

法律责任是因违反法律规定的行为而产生的法律后果，也是对违法行为受害方的一种法律救济。就法律责任问题的调整而言，既可以包含在对特定行为的立法中，也可以由专门性的立法予以规定。在中国，前者如《合同法》本身就专门规定了违约行为的法律责任，后者如《侵权责任法》是针对侵权行为法律责任问题的专门立法。

对于国际组织的行为与活动，其法律责任问题受到三个方面法律体系的共同调整，即国际组织的内部法（internal law of the international organization）、国内法（domestic legal orders）和国际法（international law）。这三个方面的法律体系要么将国际组织的权利、义务与责任合一规定，即初级规则与次级规则的合一，要么有专门调整国际组织责任问题的规则。前者如在国际组织参加、缔结的有关条约中，大多规定了违约行为的责任承担；后者当属联合国国际法委员会起草、审议并通过的《国际组织的责任条款草案》，当然该草案是近年来新发展的成果。

3.1 国际组织的内部法

相对于国际组织在对外开展活动中产生的具有法律约束力

的规则、准则或文书，如国际组织与国家缔结的条约、国际组织参加的国际公约等，还有一类专门调整国际组织内部关系的一系列规则、准则或文书，如国际组织各机构之间的关系、国际组织与其成员之间的关系、国际组织的程序规则、财务规则以及人事规则等，通常将后一类规则统称为国际组织的内部法。本节将讨论依据国际组织的内部法，可能产生的国际组织法律责任问题，以及二者之间在国际法上的关系。

3. 1. 1 国际组织的规则

在国际组织的内部法中，显然有一类具有特殊法律地位的规则，根据《国际组织的责任条款草案》第 2 条（b）款的规定，此类规则尤其包括国际组织的宪章性文件、依据宪章性文件通过的决定、决议和其他文件，以及国际组织业已确立的惯例，该草案将此类规则统称为“国际组织的规则”（rules of the organization）。

上述定义与 1986 年《关于国家和国际组织间或国际组织相互间的条约法公约的维也纳公约》第 2 条第 1 款（j）项的规定[1]高度一致，但考虑到国际组织还可能根据宪章性文件通过其他形式的文件，因而增加了“其他文件”的表述，以求概括得更加全面。对于一些国际组织而言，业已确立的惯例在其实践活动中起着重要的作用。例如，北约组织协商一致的决策规则，并非其宪章性文件所规定，也并未规定于其他任何正式的文件中，而是该组织在实践中形成的惯例。《国际组织的责任条款草案》对于“组织规则”的界定不是完全列举，“尤其”一词

〔1〕 该条款的英文原文为：rules of the organization means, in particular, the constituent instruments, decisions and resolutions adopted in accordance with them, and established practice of the organization.

的表述说明了这一点，这里暗含了还可能包括国际组织与第三方缔结的协定以及对该组织具有法律约束力的司法、仲裁裁决等。

中国国内的国际组织法学著述中存在有关国际组织“基本书件”（basic instrument）的论述，但它的内涵也有广义和狭义之分。从广义的角度看，“国际组织的基本书件是其产生、存在和进行活动的法律基础。……国际组织机构的设立，法律人格的授予，运行机制的确立等，都是以基本书件为根据的”。[1]在这样的语境下，国际组织的“基本书件”就类似于上述“国际组织的规则”。而从狭义的角度看，“国际组织赖以建立和进行运作的，由各成员国政府缔结的特别的协议，统称为国际组织的基本书件。……多数情况下，国际组织的基本书件表现为一个独立的法律文件，即一个独立的多边条约或协定”。[2]此处，国际组织“基本书件”指代的就是该组织的“宪章性文件”。

从《国际组织的责任条款草案》第2条（b）款的措辞中，可以明显地发现国际组织规则的具体文件形式之间并不是并列关系，而是呈现出一定的效力等级，这一点尤其表现在国际组织的宪章性文件与其他决定、决议等文件的效力关系上。宪章性文件通常规定了国际组织的宗旨与目的、组织机构、职能范围、活动程序以及成员的权利义务等事项，是一个国际组织据以建立其组织机构、开展活动的组织章程，也是一个国际组织存在和运行的法律基础。对于政府间国际组织而言，其宪章性文件的法律性质是国家间的多边条约，而国际社会中举足轻重

〔1〕梁西：《国际组织法（总论）》，武汉大学出版社2001年版，第27～28页。

〔2〕饶戈平主编：《国际组织法》，北京大学出版社1996年版，第253～254页。

的国际组织的宪章性文件甚至构成了一般国际法的一部分，如《联合国宪章》。毫无疑问，国际组织的一切活动，包括其决定、决议等文件以及开展的行动都不得违反其宪章性文件的规定，国际组织在实践中逐渐形成的惯例也不得与其相悖，并且应当符合该宪章性文件的原则与精神，从而构成该文件引申出来的一种暗含的权利。因此，可以认为国际组织的宪章性文件构成该组织内部法的“首要渊源”，[1]它在该国际组织的框架内具有“宪法”的地位、效力和功能。

《国际组织的责任条款草案》共有10个条款明确提到了国际组织的规则。其具体包括：①确定国际组织责任的构成。一方面，在确定国际组织的机关和代理人的职能时，可以适用该组织的规则；[2]另一方面，国际组织违反国际义务的情况也包括该组织违反其依组织规则对其成员的义务。[3]②构成国际组织与其成员之间采取反措施的条件之一。国际组织如果对于作为其成员的责任国或责任国际组织采取反措施，该反措施必须并非不符合该组织的规则；[4]如果国际组织的成员违反了该组织的规则所规定的国际义务，该国际组织不得对其成员采取反措施，除非该组织的规则规定了此种反措施；[5]反之，受害成员国或国际组织如果对其所属的责任国际组织采取反措施，同样也必须满足上述两种情况的条件之一。[6]③适用于处理国际组织与其成员之间的责任关系。首先，国际组织不得以其规则

---

〔1〕 See Pierre Klein, “International Organization or Institutions, Internal Law and Rules”, *Max Planck Encyclopedia of Public International Law*, p. 1.

〔2〕《国际组织的责任条款草案》第6条第2款。

〔3〕《国际组织的责任条款草案》第10条第2款。

〔4〕《国际组织的责任条款草案》第22条第2款（b）项。

〔5〕《国际组织的责任条款草案》第22条第3款。

〔6〕《国际组织的责任条款草案》第52条。

作为理由，不遵守《国际组织的责任条款草案》所规定的义务，但是该组织的规则仍应适用于该组织与其成员之间的关系；[1]其次，国际组织与其成员都应当在该组织的规则范围内，采取一切适当的措施，确保责任国际组织能够有效地履行国际责任；[2]最后，如果国际组织的成员国按照该组织的规则，实施了援助或协助、指挥和控制该组织实施国际不法行为，则不承担相应的国际责任。[3]可见，就适用《国际组织的责任条款草案》本身的规定而言，国际组织的规则对于国际组织责任的认定具有重要的影响和作用。

《国际组织的责任条款草案》第64条规定："如国际不法行为存在的条件或国际组织或国家涉及国际组织之行为的国际责任的内容或履行须遵守国际法特别规则，则不适用本条款草案。这种国际法特别规则可能载于适用于国际组织同其成员之间关系的组织规则。"这一规定清楚地表明，该草案的适用具有一般性，如果存在相应的国际法特别规则，后者将优先适用。国际组织的规则可能含有此类特别规则，尤其是在处理国际组织与其成员之间关系的问题上。因此，在国际组织的责任领域，相对于《国际组织的责任条款草案》的整体规定，国际组织的规则能够发挥"特别优于一般"的优先效力。

3.1.2 欧洲联盟的法律责任

在早些时候，国际组织的不法行为在一般情况下会被视为无效，从而不产生任何法律后果。在特定情况下，当国际组织的不法行为产生了一些后果，如损害，国际组织应对这些损害

〔1〕《国际组织的责任条款草案》第32条。

〔2〕《国际组织的责任条款草案》第40条。

〔3〕《国际组织的责任条款草案》第58条第2款、第59条第2款。

作出赔偿。

近年来，一些国际组织通过其内部法，将赔偿责任的范围扩展到为实现组织职能而造成损害的机关或职员的行为，包括国际组织的立法与执行活动。例如，《联合国海洋法公约》附件三的第22条就规定，国际海底管理局应为其执行权力和职能中的不法行为所产生的损害，承担法律责任。但是，实践中尚无与该条款相关的案例发生。

尽管，国际组织法究竟是否包含欧洲联盟法，或者是否包含后者中的一部分，仍然存在争议。[1]但毫无疑问，欧洲联盟作为当今世界上最为典型、重要的国际组织形态之一，理所应当被视为国际组织法的一个研究对象。在国际组织责任法领域，欧盟法也提供了许多不可或缺的规则和案例，本书专门予以阐述。

3.1.2.1 非契约性法律责任

最为典型、经欧洲法院司法实践不断丰富的当属《欧洲共同体条约》（以下简称《欧共体条约》）第288条（原第215条）的规定，即“本共同体的契约性责任（contractual liability），受适用于有关契约的法律管辖。在非契约性责任（non-contractual liability）方面，本共同体应根据成员国法律所共有的一般原则，赔偿其机构或公务员在履行职责时造成的任何损害。上述规定在同样条件下适用于由于欧洲中央银行或欧洲中央银行公务员在执行职务时所造成的损害给予的赔偿。公务员对于本共同体的个人责任，受本共同体公务员守则或雇佣条件中制定的有关规定的管辖”。这一条款所包含的内容是多方面的。

首先，它将责任分为契约性与非契约性责任两类，前者主

---

〔1〕 See Jan Klabbers, “The Paradox of International Institutional Law”, *International Organizations Law Review*, 5 (2008), pp. 151~173.

要是指因违约产生的法律责任，后者则主要是指侵犯人身权、财产权等方面的侵权责任。由于欧盟机构与有关自然人、法人签订协议、合同等契约性文件时，当事人有权选择约定该契约所适用的法律，包括欧盟成员国法律或非成员国法律，因该契约产生的争议也自然应适用该准据法。因此，这一条款对此仅仅作了原则性的规定，具体规则则交由具体的法律去解决。

其次，成员国将特定领域的有关职权授予并让渡给了欧盟，连同一并转移的还包括执行上述职权所导致的法律责任，由此产生的非契约性责任应由欧盟作为国际组织来承担。其中，欧盟还应"根据成员国法律所共有的一般原则"作出赔偿，并且赔偿的损害应是欧盟"其机构或公务员在履行职责时造成的任何损害"。

"根据成员国法律所共有的一般原则"指的是由欧洲法院逐渐发展而来的欧盟侵权法律体系。[1]而根据侵权责任的一般要件与欧洲法院的有关司法实践，欧盟机构及其公务员的非契约性责任的构成要件应当包括：不法行为的发生（包括作为与不作为）、损害事实的存在以及不法行为与损害之间的因果关系。[2]在具体个案实践中，欧盟的机构或公务员的行为究竟是否构成"履行职责时"的职务行为，也可能带来认定方面的争议。欧洲法院在"塞雅戈诉勒迪克案"中，对于"履行职责"的含义作出了认定。该法院认为，关于欧洲共同体机构或其职员造成的损害问题，欧共体仅对其职员依据内部和直接关系，经过欧共体授权的任务的必要延伸的那些行为承担法律责任，

---

〔1〕 See Philippe Sands and Pierre Klein, *Bowett's Law of International Institutions*, Sweet & Maxwell, 2009, p. 519.

〔2〕 See Jo Shaw, *Law of the European Union*, Macmillan Law Masters, 1996, p. 350.

而不应扩大到上述行为之外的行为上。[1]反之，如果欧盟职员的行为不在“履行职责”的范围内，则属于其个人行为，此时应适用《欧共体条约》第 288 条第 4 款的规定，即职员的个人责任应适用欧盟的公务员守则、雇佣合同的有关规定。这一事项，一方面涉及欧盟与其职员间的内部关系，另一方面也涉及欧盟职员与受害第三方之间的外部关系，但在一般情况下，欧盟并不对第三方承担法律责任。

最后，这一条款既可以适用于欧盟的执行行为，也可以适用于其立法行为。尽管自 20 世纪 70 年代之后，第 288 条规定的侵权诉讼与废除立法行为的专门性诉讼脱钩，但是欧洲法院在“Aktien-Zuckerfabrik Schöppenstedt v. Council”案中，为其确立了单独的标准，即只有当涉及经济政策措施的立法行为，明显地严重违反了保护个人的更高一级的法律规则[2]时，欧盟才应对该立法行为给个人造成的损害承担法律责任。[3]其中，“明显”与“严重”违反事实的举证责任归于受到损害的个人，其难度可想而知。因此，正如有学者评论的那样，欧洲法院采用限制性的方法使用该条款，以保证不妨碍欧洲一体化的进程，但这也意味着仅有个别案例由欧盟根据该条款承担了相应的法

---

〔1〕 See Case 9/69 Sayag v. Leduc [1969], European Court Reports, p. 329. 有关该案的详情参见曾令良：《欧洲联盟法总论——以〈欧洲宪法条约〉为新视角》，武汉大学出版社 2007 年版，第 322~323 页。

〔2〕 从欧洲法院的有关判例中可以归纳出，这里所谓的“更高一级的法律规则”可以包括三种类型的规则：《欧洲共同体条约》中的一些特定条款，如禁止歧视条款；就同一主题或领域制定的更高等级或更具有一般性的条例；欧盟的一般法律原则。See Paul Craig and Grãinne de Búrca, *EC Law: Text, Cases and Materials*, Clarendon Press, 1995, pp. 518~519. 详情参见曾令良：《欧洲联盟法总论——以〈欧洲宪法条约〉为新视角》，武汉大学出版社 2007 年版，第 326~327 页。

〔3〕 See Case 5/71 Aktien-Zuckerfabrik Schöppenstedt v. Council [1971], European Court Reports, p. 975.

律责任。[1]有数据表明，从欧洲法院建立至1992年间，在其受理的69例案件中仅有4例案件，欧盟根据该条款承担了相应的法律责任。

总之，由国际组织的内部法来规定其法律责任的情况并不多，而相关的法律实践则更少。此外，一些国际金融组织，如世界银行，则根据其内部法设立了特定的调查机构，以查明和认定因该组织的行为、工程违反了组织政策和准则而对于相关个人、团体造成的损害，以及由此产生的索赔问题。

在国际组织内部法中，更多涉及的是国际组织对其因执行职务行为而受到损害的职员所承担的法律责任。但这显然与一般侵权责任不同，前者中没有不法行为的存在，而是基于非人为工作事故、自然灾害等不可抗力因素，给予国际组织职员的一种保障。这种法律责任依据国际组织与其职员间特定的身份关系而产生，因而属于国际组织的内部事项。

3.1.2.2 国际责任的归责

作为一种具有“超国家”（superanational）属性的区域性一体化国际组织，《国际组织的责任条款草案》能否适用以及应怎样适用于欧盟，又是一个从一开始就存在争议的问题。

2003年10月，在联合国大会第6次会议上，欧盟委员会针对国际法委员会正在审议的“国际组织的责任”专题发表了声明。该声明主要阐述了欧共体不同于传统国际组织的特殊性。具体包括：首先，欧共体并不仅仅处理其成员国之间的关系，而是在国际层面享有自身权利的实体，它根据一定的权能单独或与成员国一起与第三方缔结国际协定。其次，欧共体建立了自成体系的一套法律秩序，并在成员国让渡的权能范围内，具有完整的立

---

〔1〕 See Philippe Sands and Pierre Klein, *Bowett's Law of International Institutions*, Sweet & Maxwell, 2009, p. 519.

法和造法权力；欧共体法律，包括其承担的国际义务，可以作为成员国国内法的一部分得以直接适用。最后，欧共体法律一般通过其成员国的机关负责具体实施，而不是由欧共体的机构负责，在欧共体所覆盖的领土范围之外不存在其行政机构。[1]因此，欧盟委员会强调，国际法委员会在审议《国际组织的责任条款草案》时，应充分考虑和反映出国际社会法律的多样性和欧盟的宪政化结构。

根据《国际组织的责任条款草案》第4条的规定，构成国际组织的国际不法行为的要素包括两方面：依据国际法，该行为（包括作为或不作为）可归于该组织；该行为构成对该组织国际义务的违反。在实践中，欧盟作为国际组织承担国际责任的情形，通常以契约性法律责任居多，以下便以契约性法律责任为例，简要地探讨上述草案第4条规定对于欧盟的适用。

即使在欧盟的专属权能（exclusive competence）领域，作为国际协定的缔约方，欧盟的国际义务也是通过其成员国的机关予以实施的，而不是欧盟的机构。那么，欧盟成员国机关的行为是否应当归于欧盟的问题便随之而来，在欧盟与其成员国共享权能（shared competence）的领域，这一问题更加凸显。共享权能领域内缔结的国际协定通常以欧共体与其全体或部分成员国共同作为当事方，这样的协定又被称为“混合协定”（mixed agreements）。一般情况下，行为的归属问题应适用国际组织的规则，根据欧盟有关分权的内部法规则，即使是由成员国的机关负责实施，只要是在欧共体权能领域内的事项，该行为就应归属于欧共体。[2]但是，这也并不完全排除有关当事成员国对

---

〔1〕 See Doc. A/C. 6/58/SR. 14, 22 December 2003, p. 4.

〔2〕 See Stefan Talmon, “Responsibility of International Organizations: Does the European Community Require Special Treatment?”, In Maurizio Ragazzi, *International Responsibility Today: Essays in Memory of Oscar Schachter*, edited by Martinus Nijhoff Publisher, 2005, pp. 408~409.

第三方应承担的国际责任。[1]

同样是在“混合协定”的场合，该协定产生的国际义务是否应属于欧盟的国际义务又是另一个方面的问题。如果“混合协定”属于双边协定，则欧共体与其成员国可以共同作为该协定的当事一方，履行国际义务；这种情况下，它们应作为一个整体对外承担法律责任。如果“混合协定”属于多边协定的性质，显然欧共体与其成员国乃是分别作为协定的当事方享有权利、履行义务，那么有关国际义务的分担问题，仍旧应适用欧盟的内部法规则。具体而言，就是要具体考察有关国际义务是否属于欧盟的权能范围，包括是否符合其组织宗旨、任务和权力，因为欧盟享有独立于其成员国的法律人格。[2]实践中，欧共体与其成员国在缔结、加入或批准“混合协定”时，可能同时发表声明，明确其各自对于该条约、协定事项的权限范围。也有一些国际公约明确规定，要求作为缔约方的国际组织及其成员发表如上声明，如《联合国海洋法公约》附件九第 2 条和第 5 条的规定。[3]

---

〔1〕 See Philippe Sands and Pierre Klein, *Bowett's Law of International Institutions*, Sweet & Maxwell, 2009, p. 530.

〔2〕 “This is the question…of the apportionment of the obligation as between the organization and its members. This apportionment is entirely determined by the rules of the organization which possesses its own international legal personality, vis - à - vis those of the member States.” European Commission, Doc. A/CN. 4/545, p. 13.

〔3〕《联合国海洋法公约》附件九“国际组织的参加”第 2 条规定：“一个国际组织如果其过半数成员国为本公约签署国，即可签署本公约。一个国际组织在签署时应作出声明，指明为本公约签署国的各成员国已将本公约所规定的何种事项的权限转移给该组织，以及该项权限的性质和范围。”该公约第 5 条第 1 款规定：“一个国际组织的正式确认书或加入书应包括一项声明，指明关于本公约所规定的何种事项的权限已由其为本公约缔约国的成员国转移给该组织。”该条第 2 款规定一个国际组织的成员国同样也应作出类似的声明。

3.2 国内法

由于国际组织需要在国家领土范围内实现组织目的、履行组织职能、开展执行活动，它们均应受到该国领土管辖权的管辖，因而也必然受到有关国家国内法的约束。当然，国际组织根据相关条约或其总部协定，可以在一国国内享有一定的特权与豁免，但这必须在特定范围的限度以内，且并不妨碍一国国内法对国际组织其他行为与活动的适用。因此，国际组织的独立法律人格，使其具有在一国国内法上的权利和义务，同时也应对其不法行为独立地承担法律责任。

实践中，国际组织的责任可以分为契约性责任和非契约性责任两大类型。契约性责任通常是因违反合同、协定等契约义务而引起的法律责任；在合同、协定等契约性文书中，合同当事方通常选择约定该契约适用的法律。这些法律通常是一国的国内法，因而有关该契约所产生的争议以及国际组织的法律责任问题，都应遵从当事方的“意思自治”，适用其选择的国内法作为准据法。非契约性责任一般指的是因国际组织与契约无关的不法行为，包括作为或不作为，造成了损害而承担的侵犯人身权、财产权的法律责任。

迄今为止的国际组织法律实践中，有两件典型案例均因国际组织的违约行为引发了其国内法上的法律责任问题，即“Westland Helicopters and AOI 系列案”与“International Tin Council 系列案”。这两例案件自发生以来，不断地为国际法学者所引用和探讨，也成了国际组织法尤其是国际组织责任论题中的经典案例。

3.2.1 “Westland Helicopters and AOI 系列案”

3.2.1.1 案件背景

1975 年 4 月，阿拉伯联合酋长国、沙特阿拉伯、卡塔尔以及埃及四个国家签订了《建立阿拉伯工业化组织的协定》（Agreement for Establishing an Arab Industrialization Organization），并据此成立了阿拉伯工业化组织（Arab Organization for Industrialization，以下简称“AOI”），该组织致力于发展上述四个成员国的军事工业。

在 AOI 组织内部，根据建立该组织的协定，创设了一个高级委员会（Higher Committee），负责该组织的运作，委员会由四个成员国的部长组成。该委员会制定了 AOI 的宪章性文件（Basic Statute），并获得了四个成员国的批准。1978 年 1 月 4 日，AOI 高级委员会和英国政府签订了一份谅解备忘录（Memorandum of Understanding），其中规定：AOI 的四个成员国对 AOI 或者由其控制的公司向英国公司作出的承诺，承担保证责任。

1978 年 2 月 27 日，AOI 和英国的 Westland 直升机有限公司（以下简称“Westland”），根据瑞士法律，签订了一份名为《股东协议》（Shareholders Agreement）的合同，成立了一家股份制公司，即 The Arab British Helicopter Company（以下简称“ABH”），其中 AOI 持有公司 70%的股份，Westland 持有公司 30%的股份。ABH 的主要经营业务是 Westland 开发的“Lynx”直升机，具体包括该型飞机制造、销售、维修以及质量保证等事项。该《股东协议》第 12 条第 1 款规定：“各方关于协议的解释、适用及后果的分歧与争议根据国际商会仲裁庭的调解与仲裁规则解决。”类似的条款还包括在 Westland 和 ABH 签订的关于直升机制造的一系列合同中。

继埃及和以色列签订了戴维营协议（Camp David Agreements）之后，AOI其他三个成员国在1979年5月宣布将解散AOI，并成立了清算委员会。AOI的解散导致其所有投资的终止，其中也包括Westland和ABH签订的关于直升机制造的一系列合同及投资项目。[1]

3.2.1.2 国际商会仲裁庭的裁决

1980年6月，Westland提交了针对AOI、其四个成员国和ABH的仲裁请求，要求该组织及其成员国承担支付126 000 000英镑的连带责任。国际商会（International Chamber of Commerce，ICC）于1980年10月设立了仲裁庭，但只有埃及和ABH应诉。一方面，埃及认为仲裁庭不具管辖权，因为在埃及与Westland之间并不存在有效的仲裁条款，因而埃及不承担接受仲裁管辖的义务。另一方面，埃及主张AOI是一个独立于其成员国的法律实体，对于AOI所签订的包含有仲裁条款的协议而言，AOI成员国不是这些协议的当事方，因而不受该协议条款的约束。

仲裁庭否定了埃及的主张，认定仲裁庭对该案具有管辖权。仲裁庭认为，对于国际组织的法律人格及其独立存在的认可，并不能当然地排除该组织承担的义务对其组织成员的约束力。埃及基于AOI的法律人格，对仲裁管辖权提出的抗辩不能成立。仲裁庭还指出，所有的法律体系都对排除公司法人的股东责任作出了限制，因而并不能认为只要存在独立的法律人格，就一定排除该实体的股东责任。此外，仲裁庭还具体考察了AOI的

[1] 该案作为国际组织责任方面的典型案例，在西方国际法、国际组织法的有关著述中经常得到引用和评析，其中如J. Klabbers, *An Introduction to International Institutional Law*, Cambridge University Press, 2002, pp. 312~313; Ian Brownlie, "The Responsibility of States for the Acts of International Organizations", in Maurizio Ragazzi, *International Responsibility Today: Essays in memory of Oscar Schachter*, Martinus Nijhoff Publisher, 2005, pp. 358~359.

宪章性文件以及该组织的结构框架。

针对该案的焦点问题，即在既没有可以适用的法律规则，建立 AOI 的组织文件也没有作出明确规定的情况下，对该组织成员国的责任问题应当如何作出认定？对此，仲裁庭作出了裁决，其核心思想是：在国际组织的宪章性文件中，缺乏任何明示或暗示的排除成员国对第三方责任的条款时，根据一般规则，即参与一项经贸交易的当事方应当为由此产生的义务承担责任，该组织的成员国责任是存在而有效的，因而第三方与该组织签订合同，在法律上可以信赖并依靠该组织成员国的责任。就该案而言，在建立 AOI 的宪章性文件中，四个成员国没有正式排除自身的责任，作为参加交易的第三方便可以据此作出信赖和预期，合理地并且可以为法律所认可地认为成员国对该组织对第三方的义务承担责任。[1]

对于上述结论，仲裁庭进一步指出，这一推定的规则源于一般法律原则（general principles of law）和善意原则（good faith）。因为就一般规则而言，除非国际组织的成员通过某种方式排除其法律责任，它们都无法逃脱对第三方的责任承担。例如，建立有限责任公司的方式，其法人治理结构一般排除了股东的对外责任。

但是，仲裁庭根据 AOI 宪章性文件的措辞和表述，如任何

[1] "In the absence of any provision *expressly or impliedly excluding* the liability of the four States, this liability *subsists* since, as *a general rule*, those who engage in transaction of an economic nature are deemed liable for the obligations which flow therefrom. In default by the four States of *formal exclusion* of their liability, third parties which have contracted with the AOI could *legitimately* count on their liability." See "Westland Helicopters Ltd and Arab Organization for Industrialization, United Arab Emirates, Kingdom of Saudi Arabia, State of Qatar, Arab Republic of Egypt and Arab British Helicopter Company", *International Law Reports*, 80 (1989), p. 596.

阿拉伯政府都可以参加（join）该协定、参加（join）协定的国家、参加国（participating countries）等，认定 AOI 组织的法律性质应该类似于普通合伙制（a general partnership）而不是有限责任公司（a limited liability company）。可以认为，在成立 AOI 时，其四个创始成员国完全没有“消失在其背后”的意思，而是以承担责任的成员身份参与到了 AOI 的建立和运作中。〔1〕因此，AOI 的成员国作为普通“合伙人”（partners）而不是“股东”（shareholders），对外承担法律责任是有依据的。

综上所述，仲裁庭完成了有关 AOI 成员国对外责任问题的全部推理与阐释，得出最终结论，认为 AOI 的成员国应当与其所属的国际组织对第三方承担连带责任。〔2〕

从国际商会仲裁庭的裁决过程可以看出，其中存在这样一个基本判断：国际组织成员国是否应对外承担责任，取决于它们创设该组织时的意图，而这些意图应当从该组织的宪章性文件以及成员国的行为中作出判断。在当时的背景下，仲裁庭的这一思路符合国际组织法的基本原理，它认为当时并不存在可以适用的国际法规则，这在今天看来也是正确的。至于当国际组织的宪章性文件没有明确规定成员国的对外责任时，该组织的成员国是否应当承担对外责任的问题，可能因为采取了不同的理论和方法，而得出因人而异的答案，这一点可能是见仁见

〔1〕“…the four States, in forming the AOI, did not intend wholly to disappear behind it, but rather to participate in the AOI as members with liability.” See “Westland Helicopters Ltd and Arab Organization for Industrialization, United Arab Emirates, Kingdom of Saudi Arabia, State of Qatar, Arab Republic of Egypt and Arab British Helicopter Company”, *International Law Reports*, 80 (1989), p. 596.

〔2〕See “Westland Helicopters Ltd and Arab Organization for Industrialization, United Arab Emirates, Kingdom of Saudi Arabia, State of Qatar, Arab Republic of Egypt and Arab British Helicopter Company”, *International Law Reports*, 80 (1989), p. 596.

智的。无论怎样，国际商会仲裁庭对于该案的裁决留给了国际组织法学者们非常宝贵的经验和教训。对此，有学者评论道，无论是否接受国际商会仲裁庭对该案的分析，其采用的方法都是值得赞同与认可的。只是当时未能充分地阐述出国际组织成员国对外责任的基础，将一般法律原则与善意原则作为其依据，未免过于节省了。〔1〕

3.2.1.3 瑞士法院的判决

根据瑞士法律的规定，瑞士法院可以经过审理，撤销和终止仲裁地位于瑞士境内的仲裁裁决。于是，埃及政府将其认为国际商会仲裁庭不具管辖权的主张，提交到了日内瓦法院（Court of Justice of Geneva），请求法院撤销该仲裁裁决。经过审理，日内瓦法院最终推翻了ICC仲裁庭关于埃及受到该仲裁条款约束的裁决以及关于AOI法律性质、成员国对外责任问题的认定。

日内瓦法院支持了埃及的主张，认为埃及没有签订仲裁协议，也不应当认为对于一个国际组织具有管辖权就必然对其成员国也具有管辖权。因此，ICC仲裁庭对于埃及当然不具有管辖权。日内瓦法院也并不同意ICC仲裁庭关于AOI类似于合伙制法律性质的认定，它认为无论在法律上还是财政上，AOI都是独立于其成员国的国际组织。〔2〕

之后，Westland又将该案上诉到瑞士联邦最高法院（Federal Supreme Court of Switzerland），请求法院驳回日内瓦法院的判决。联邦最高法院以AOI的宪章性文件为依据，支持了

〔1〕 See Ian Brownlie, "The Responsibility of States for the Acts of International Organizations", in Maurizio Ragazzi, *International Responsibility Today: Essays in memory of Oscar Schachter*, Martinus Nijhoff Publisher, 2005, p. 359.

〔2〕 See "Arab Organization for Industrialization and Others v. Westland Helicopters Ltd", Court of Justice of Geneva, *International Law Reports*, 80 (1987), p. 622.

日内瓦法院判决的主要部分。联邦最高法院认为，AOI 作为国际组织是国际法上的主体，其宪章性文件是 AOI 组织存在的基础，并决定了该组织的法律地位和组织结构，因而应该依据其宪章性文件作出判决。

在考察了 AOI 的宪章性文件和其他相关文件之后，联邦最高法院认为，这些文件很显然地、无可争议地表明，该组织享有完全的法律独立性（total legal independence），其法律地位完全独立于其成员国。这也就决定了 AOI 作为独立的法律主体与第三方之间缔结契约的任何行为，都不应当被认为是该组织成员国的行为，该组织与 Westland 在有关协议中的仲裁条款对于其成员国不具有法律约束力。

同时，针对将成员国在国际组织运作中起主导性或决定性作用的现实作为依据，主张该组织成员国应当承担对外责任的观点，法院对此也作出了否定。法院认为，"这些国家的主导角色以及 AOI 的最高权力机关是由前者的部长们组成的事实，都不能削弱该组织的独立性和人格"；〔1〕成员国对于国际组织的严格控制，或者二者之间的密切关系，都不足以推翻成员国没有签订仲裁协议，因而不受该仲裁条款管辖的推定。基于上述推理，瑞士联邦最高法院最终得出结论，认为《股东协议》中的仲裁条款对于埃及不具有约束力，AOI 的成员国也不应对该组织签订的合同对外承担法律责任。〔2〕

与国际商会仲裁庭的裁决思路相比，瑞士两级法院的判决思路显然更加注重国际组织自身的法律地位，而不像前者主要

〔1〕"Arab Organization for Industrialization and Others v. Westland Helicopters Ltd", Court of Justice of Geneva, *International Law Reports*, 80 (1987), p. 658.

〔2〕See "Westland Helicopters Ltd v. Arab Organization for Industrialization and Others", Federal Supreme Court of Switzerland, *International Law Reports*, 80 (1988), p. 652.

考虑成员国的意图。尽管是截然相反的结论，仲裁庭和法院都给出了相应的阐释与认定，也都运用了国际组织法上的原理。撇开案件本身的结果，这也足以说明国际组织及其成员法律责任问题存在的不确定性，国际组织的相关实践仍十分匮乏。若从有利于国际组织的“自主性”以及国际组织责任法发展的角度看，瑞士两级法院的判决思路似乎更加符合今后的趋势。

3.2.2 “International Tin Council 系列案”

1985 年，国际锡理事会（International Tin Council，以下简称“ITC”）的解散，引发了一系列的国内诉讼，尤其是导致了与之开展经贸交易的第三方遭受了许多经济损失。该案的出现引发国际法学界就国际组织成员国的第三方责任问题开展了全面的讨论，也随之成为研究国际组织责任问题的经典案例之一。

3.2.2.1 案件背景

ITC 是由 17 个锡生产国、5 个锡消费国和欧共体参加组成的国际组织，其成员共有 32 个。基于 ITC 的商业性目的和职能，该组织在国际锡产品经贸市场中扮演了重要的角色。《国际锡第六协定》（the Sixth International Tin Agreement，以下简称“ITA 6”）作为该国际组织的宪章性文件，于 1981 年 8 月开放签署，并于 1982 年 7 月正式生效。

ITC 还与英国政府签订了该组织的总部协定（Headquarters Agreement，以下简称“总部协定”），其中规定：ITC 具有法律人格，并具有缔结契约，获得和处理动产、不动产以及进行诉讼的能力，ITC 还享有一定的特权与豁免。ITA 6 和总部协定中都没有规定排除或限制其成员国对第三方承担法律责任的条款。

为了防止国际市场上的锡产品价格大幅波动，ITC 采用了“锡缓存机制”作为其主要方式，即如果市场上的锡产品价格上涨，达到或超过了该组织设定的最高价格（ceiling price）标准，ITC 的经理就卖出锡产品，通过增加市场供应，促使该产品的价格回落到最高价格之下；反之，如果锡产品价格大幅下降，达到或者低于该组织设定的最低价格（floor price）标准，ITC 的经理则购入锡产品，以减少市场供应，直至该产品的价格回升到最低价格之上。为此，ITC 在伦敦金属交易市场和马来西亚锡产品市场开展交易，与经纪人签订了大量的合同，而该机制运作所需要的资金，在该组织的锡产品生产国成员与消费国成员之间，按照各自锡的生产量和消费量之间的比例进行分配。此外，为了实施该机制，成员国授权 ITC 可以以自身名义对外借款，银行成了 ITC 的主要债权人。

1985 年 10 月，由于价格、供求以及自身管理不善等多种因素的影响，ITC 经理宣布，该组织已经没有足够的资金履行 ITC 所签订的合同以及偿还借款，上述缓存机制也同时宣告终止，仅仅在英国 ITC 就面临约合几十亿英镑的债务。

在进入诉讼程序之前，ITC 的债权人提出条件，要求 ITC 的成员国重新注资该组织，并由该组织各成员国的政府作出保证担保，从而使其成员国为 ITC 的债务承担连带责任。如果上述条件得以满足，ITC 可以延迟 12 个月支付债务本金和利息。经过谈判协商，最终 ITC 成员国与债权人之间未能达成一致。

之后，债权人向 ITC 总部所在地的英国法院提出诉讼，将 ITC 及其所有成员国作为被告，要求 ITC 的成员国为该组织的债务承担责任。原告方的主要理由包括：

首先，原告认为 ITC 不具有区别于其成员国的独立法律人格，因而 ITC 对外签订的合同应当被认定为是由其成员国与第三方之间直接签订的合同，作为合同当事方的成员国应当对此承担法律责任。

其次，原告进一步指出，即使ITC具有相应的法律人格，该组织也仅仅类似于国内民法上的“合伙”制组织，即一种“混合实体”（mixed entities），其成员国应当为该组织未能清偿的债务承担补充责任，即偿付剩余的债务。

最后，原告又提出，即使ITC是独立于其成员国的“法人组织”，从ITA 6的规定可以推定，ITC实际上是作为其成员国的代理人，与第三方签署合同的。那么，代理人的代理行为归于被代理人，应由被代理人承担法律责任，因合同产生的债务也应由ITC的成员国承担责任。

3.2.2.2 英国高等法院大法官法庭的判决

在“J. H. Rayner Ltd v. Department of Trade and Industry and others案”中，原告要求被告代表英国政府以及ITC的成员国之一承担赔偿责任。对此，斯托顿法官考察了“Westland Helicopters and AOI系列案”的裁决以及斯荷尔姆斯、詹克斯等国际组织法方面权威学者的学说后认为，在国际法上，国际组织的法律人格是否必然排除其成员国对于该组织债权人的直接责任，仍有待于考证。但是，在英国法上，ITC既然具有法律人格，那么根据英国法的规定，ITC的成员国并没有义务承担该国际组织对于第三方的法律责任。[1]因此，原告的诉求被法院驳回。

在“Maclaine Watson Co. Ltd v. Department of Trade and Industry”案中，对于原告同样的诉求，米利特法官作出了与斯托顿法官结果一致的判决，驳回了原告的诉求。米利特法官认为，英国国会通过授予ITC组织机构法律能力的方式，已经确立了

---

〔1〕 See “J. H. Rayner Ltd v. Department of Trade and Industry and Others”, Decision of 24 June 1987, High Court, Queen's Bench Division, *International Law Reports*, 77 (1988), p. 55.

该组织充分的法律人格；既然 ITC 已经获得了英国法上组织机构的特定地位，即使它是“不具有公司特征的组织”（un-incorporated association），“它也获得了独立并区别于其成员的、特定的机构法律能力（legal capacities of a body）”；〔1〕ITC 作为区别于其成员的独立法律实体，表明其具有完全的司法上的人格，这一特性使其排除了成员的责任，ITC 以自愿的商业行为履行其法律责任的能力不应导致其成员的责任。〔2〕因此，ITC 的职员或代理人的行为只能归于该国际组织，而并不应约束该组织的成员国。

在“Maclaine Watson Co. Ltd v. International Tin Council 案”中，英国高等法院主要处理了 ITC 与其成员国之间的关系以及该组织宪章性文件的适用问题。该法院认为，ITC 成员国的对外责任问题取决于该组织的宪章性文件，后者用来调整 ITC 与其成员国之间的关系，是它们之间的准据法。然而，该宪章性文件不是一般的合同，而是主权国家之间缔结的国际条约，因而在英国法院不具有适用的效力，作为 ITC 成员国之一的英国，其国内法院无权对许多问题作出判决。因此，原告的诉求被法院搁置一旁，没有得到法院的支持。

3.2.2.3 英国上诉法院的判决

案件上诉后，英国上诉法院的三位法官又一次分别处理了

---

〔1〕“Maclaine Watson Co. Ltd v. Department of Trade and Industry”, Decision of 29 July 1987, High Court, Chancery Division, *International Law Reports*, 80 (1989), p. 44.

〔2〕“…the ITC has full juridical personality in the sense that it exists as a separate legal entity distinct from its members; though it is sufficient to dispose of this case to say that it has the characteristic attribute of a body corporate which excludes the liability of the members, that is to say the ability to incur liabilities on its own account which are not the liabilities of the members.” See “Maclaine Watson Co. Ltd v. Department of Trade and Industry”, Decision of 29 July 1987, High Court, Chancery Division, *International Law Reports*, 80 (1989), p. 44.

ITC 的法律人格问题、ITC 成员国的连带或补充责任问题以及 ITC 与其成员国之间的关系问题。显然，从国际组织法的角度看，第一个问题与第三个问题之间是密切相关的，对于其中一个问题的认定必然会影响到另一个问题，这在英国高等法院的判决过程中已经有所体现。

对于 ITC 的法律人格问题、ITC 与其成员国之间的关系问题，英国上诉法院支持了英国高等法院的认定。该法院认为，无论是根据国际法还是英国法，ITC 都具有独立于其成员国的法律人格；无论根据 ITA6 的规定还是 ITC 签订的合同条款本身，都无法支持关于 ITC 是代理其成员国签订合同的主张。ITA6 作为 ITC 的宪章性文件，其措辞表明，“成员方没有意图授权 ITC 作为其代理人签订有关锡产品和贷款合同，ITC 也不存在这样去做的意图”。〔1〕

法院认为，在英国法上，ITC 具备以自己名义与第三方缔结契约的能力，ITC 与其成员国并不存在代理关系，该组织的缔约行为不应当引起包括其成员国在内的他方责任。〔2〕英国上诉法院最终认定，适用 ITA6 规定下的 ITC 与其成员国之间的关系，不是被代理人与代理人（principals and agents）之间的关系，而是一种类似于股东之间以契约形式创设公司等法律实体的“联合”（association）或“会员”（membership）关系。〔3〕

对于 ITC 成员国的连带或补充责任问题，英国上诉法院的

〔1〕“Maclaine Watson Co. Ltd v. Department of Trade and Industry”, Court of Appeal, *International Law Reports*, 80（1989）, p. 178.

〔2〕See “Maclaine Watson Co. Ltd v. Department of Trade and Industry”, Court of Appeal, *International Law Reports*, 80（1989）, pp. 90~96, 144~148, 110~116, 158~162, 176~179.

〔3〕See “Maclaine Watson Co. Ltd v. Department of Trade and Industry”, Court of Appeal, *International Law Reports*, 80（1989）, pp. 90~96, 144.

法官之间产生了不同的意见，法官们的主要思想分述如下：

（1）诺斯法官的意见。该法官认为，ITA6 没有关于成员国连带或补充责任问题的任何规定。但是，从国际法的角度看，ITA6 也并不是规定 ITC 及其成员国权利和义务的唯一依据。该法官分析、引用了亚当、斯荷尔姆斯、希哈塔以及赛德尔-霍亨维尔顿等国际法学者的学说，也分析了“Westland Helicopters and AOI 系列案”的裁决。最后，该法官作出总结认为，在国际组织成员国的责任问题上，成员国自身的意图非常重要，并且成员国的这种意思应当为与该组织交易的第三方所知晓，即满足一种意思表示的构成。此外，该法官还认为，在国际法上，一个国际组织具有法律人格，并不必然意味着其成员就不对该组织的义务承担责任。[1]

对于如何具体确定成员国的意图问题，在该案中诺斯法官强调了 ITC 的成员国控制了 ITC 的主要运作这一事实，并认为基于这种“控制因素”，成员国应该为该组织的义务承担责任。该法官进一步指出，如果成员国意图在国际组织的宪章性文件中排除或限制其责任，这是非常容易做到的事情，但是 ITC 的成员国没有能够明确地排除或限制其对 ITC 承担义务，因而在客观上可以作出反推，认为 ITA6 的当事方，即 ITC 成员国的意思是应当为该组织的义务承担责任。因此，诺斯法官最终认定，ITC 的成员国应当为该组织的第三方义务承担连带责任。

（2）吉布森法官的意见。该法官认为，英国国内法院的任务是适用英国国内法，而根据英国法的相关规定，具有独立法律人格的法人的股东并不对外承担责任。在对一些国际组织宪章性文件进行分析后，吉布森法官并不同意诺斯法官的上述观

〔1〕“Maclaine Watson Co. Ltd v. Department of Trade and Industry”, Court of Appeal, *International Law Reports*, 80 (1989), p. 144.

点。他认为，在宪章性文件没有规定国际组织成员的责任问题时，该组织成员并不当然地应当直接对国际组织的义务承担责任。“没有任何国家实践表明，（宪章性文件中）缺少排除（责任）性的条款可以推导出国家对其直接责任的接受。”〔1〕相反，在国际法上，当国际组织具有独立的法律人格时，不论该组织的宪章性文件或其他基本书件是否存在成员的免责条款，其成员都不应当对国际组织的不法行为承担责任。吉布森法官主要采纳了荷兰国际组织法权威学者斯荷尔姆斯的观点，认为在国际法上，国际组织成员的义务仅限于为该国际组织提供充足的财政资源，以保证该组织具备对第三方义务履行责任的能力，但是，成员对于该组织的第三方义务并不直接承担任何法律责任。〔2〕

（3）克尔法官的意见。在借鉴了诺斯法官和吉布森法官的意见后，克尔法官出具了决定该案上诉结果的意见。该法官仍然考察了比较有代表性的国际法学者的观点、学说，克尔法官认为，如果从国际法的角度出发，在现有的、可以得到的材料的基础上，国际组织的特征更倾向于一种混合实体，该实体可能引起国际组织成员的补充责任。因而，国际组织不同于公司实体，这一观点似乎更为合理。在这一观点上，克尔法官与诺斯法官的意见一致，即认为在国际组织的宪章性文件没有明确

〔1〕 “Nothing is shown of any practice of states as to the acknowledgement or acceptance of direct liability by any states by reason of the absence of an exclusion clause.” “Maclaine Watson Co. Ltd v. Department of Trade and Industry”, Court of Appeal, *International Law Reports*, 80 (1989), p. 174.

〔2〕 除了一般性地提供财政资源之外，国际组织成员有义务补偿该组织因履行赔偿责任而产生的财政损失。这一观点得到了许多学者的认同。See R. Higgins, *Provisional Report to the Institute of International Law*, 66-Ⅰ A, I. D. I, 1995, p. 415.《国际组织的责任条款草案》第40条规定：“责任国际组织的成员应采取该组织的规则可能要求采取的一切适当措施，使该组织能够履行本章所规定的义务。”这一规定也体现了上述观点。

规定其成员责任问题的前提下，国际组织应当是一种“混合实体”而不是独立的法人。但是，克尔法官又认为，一方面，上述观点仅仅代表了一些学者的个人意见，在国际司法实践上，仍然未能形成一贯的行为惯例；另一方面，国际法与国内法的适用结果不尽相同，如果一个国际组织违反了对于国家、国家集团或者其他国际组织的义务，那么该国际组织成员的补充责任，可能会成为一个国际法问题。但是，这并不意味着在国内法层面，该组织的成员也应当被认定为应承担责任。〔1〕

由于吉布森和克尔法官都认为，ITC 的成员国不应当为 ITC 承担对外责任，因此该意见成了多数意见，上诉最终被英国上诉法院驳回。

3.2.2.4 英国国会上院的判决

最后，该案被上诉到英国的最高审判机构——国会上院，负责审理该案的五位爵士适用英国法处理该案，但也就 ITC 成员国的法律责任问题，对国际法的有关理论作出了一定的阐释。

一方面，英国上院认定，ITC 具有独立于其成员国的法律人格，因而有关 ITC 与其成员国之间系代理关系的诉求随之被上院驳回。〔2〕

另一方面，在有关 ITC 成员国是否应承担连带或补充责任的问题上，三位爵士都认为，根据英国法的规定，ITC 成员国不应为该国际组织的合同之债承担法律责任。其中，坦普尔曼爵士指出，ITC 缔结的合同不应引起非合同缔约方的法律责任，后

〔1〕 “Maclaine Watson Co. Ltd v. Department of Trade and Industry”, Court of Appeal, *International Law Reports*, 80 (1989), pp. 108~109.

〔2〕 “J. H. Rayner Ltd v. Department of Trade and Industry and Others”, “Maclaine Watson Co. Ltd v. Department of Trade and Industry”, “Maclaine Watson Co. Ltd v. International Tin Council”, Decision of 26 October 1989, House of Lords, *International Law Reports*, 81 (1990), pp. 678, 681, 707~708.

者包括 ITC 的成员国；退一步讲，即使根据国际法的有关理论，国际组织的成员国应对该组织的债务承担法律责任，这也不能为英国法院所适用。[1]这是因为根据英国法，国际法在英国法院并不具有直接适用的效力。格里菲斯爵士认为，通过适用英国法来判决该案，对于上诉人而言并不公平，该案最公平的解决方案应是 ITC 成员国为该组织提供资金，以解决其债务问题。但是，显然该方案只能通过有关外交途径解决，国际法上的问题需要国际性的解决方案，而不应通过英国国内司法途径解决。[2]这一观点，同样也得到了奥利维爵士的赞同，他认为在英国法上，ITC 的债权人要求其成员国承担法律责任的诉求不应得到支持。而部分国际法学者提出的有关的国际法学说，尤其是国际组织对第三方的义务可能约束其成员的观点，并不足以令人信服。[3]

综上所述，英国国会上院否定了 ITC 成员国应为该组织承担连带或补充责任的诉求，上诉最终被驳回了。至此，"国际锡理事会系列案"的司法程序终于告一段落。

回顾整个案件的司法过程，我们不妨总结如下：首先，"ITC 案"是英国国内的司法案件，主要适用英国法作为判决的

---

〔1〕 "J. H. Rayner Ltd v. Department of Trade and Industry and Others", "Maclaine Watson Co. Ltd v. Department of Trade and Industry", "Maclaine Watson Co. Ltd v. International Tin Council", Decision of 26 October 1989, House of Lords, *International Law Reports*, 81 (1990), pp. 680~681.

〔2〕 "J. H. Rayner Ltd v. Department of Trade and Industry and Others", "Maclaine Watson Co. Ltd v. Department of Trade and Industry", "Maclaine Watson Co. Ltd v. International Tin Council", Decision of 26 October 1989, House of Lords, *International Law Reports*, 81 (1990), p. 684.

〔3〕 "J. H. Rayner Ltd v. Department of Trade and Industry and Others", "Maclaine Watson Co. Ltd v. Department of Trade and Industry", "Maclaine Watson Co. Ltd v. International Tin Council", Decision of 26 October 1989, House of Lords, *International Law Reports*, 81 (1990), p. 715.

准据法，这就使得该案涉及的许多国际法问题没有也无法得到全面的解答，许多问题被英国法院“技术性”地回避了；其次，对于国际组织的法律人格问题、国际组织与其成员之间的关系问题、国际组织成员的对外责任问题，英国法院部分法官也作出了尝试性的分析与阐释，甚至还有一些法官给出了非常具体的推理思路与认定意见，这些阐释和意见在今天看来都不无道理；再次，“ITC 案”涉及的许多国际法问题尚无定论，这在今天看来仍然如此，尤其是国际组织成员的对外责任问题，但是有关理论与学说已经得以发展，英国法院的法官也给予了不同程度的关注和采纳，如有关“补充责任”的概念、有关“成员国意图”的原理等；最后，从方法论的角度看，不得不承认“Westland Helicopters and AOI 系列案”与权威国际法学者的学说，对于“ITC 案”的判决都起到了不可替代的作用。

客观地说，尽管就国际法的适用而言，ITC 案的司法过程并不尽如人意，英国上院的格里菲斯爵士甚至认为该案如此判决非常不公平，但是该案的整个判决过程与结果在今天看来，并不离谱。相反，它为解决有关国际组织责任、成员国第三方责任的难点问题，提供了一幅良好的图景，[1]为日后研究有关争议问题提供了宝贵的经验。

3.3 国际法

国际组织的行为可能因违反国际义务而引起该组织的国际责任，对于前者的定性与认定应当适用国际法。正如《国际组织的责任条款草案》第 5 条的规定：“在把国际组织的行为定性

〔1〕 J. Klabbers, *An Introduction to International Institutional Law*, Cambridge University Press, 2002, p. 306.

为国际不法行为时须遵守国际法。”显然，在此国际法应当成为国际组织行为的准据法。因此，国际组织的责任问题应当并且在实际上受到国际法的调整似乎是不言而喻的。

在国际组织的责任问题中，国际组织与其成员间的责任问题尤其复杂而富有争议，因而也是引人注目的经典问题之一。从上文对于“Westland Helicopters and AOI 系列案”和“International Tin Council 系列案”的阐述可以看出，采用国际法的有关理论与规则去分析、解决国际组织成员的第三方责任（对外责任）问题，应该更加合理、更加符合公平的要求。尽管在实践中，适用国际法直接调整国际组织责任的情况，可能要少于适用国际组织内部法与国内法的情况，因为就案件发生的概率而言，后两者可能要多于前者。

1972 年，联合国大会通过的《空间物体造成损害的国际责任公约》第 22 条直接规定了国际政府间组织及其成员国国际责任的承担方式。〔1〕但是，这种以条约的形式直接调整国际组织及其成员国际责任的情况仍是少数，目前大部分有关国际法的理论和实践都是通过司法判例的形式出现的。

欧洲人权法院曾经处理过一些相关的案件，尤其是对联合

〔1〕《空间物体造成损害的国际责任公约》第 22 条规定：“1. 若任何从事空间活动的国际政府间组织声明接受本公约所规定的权利和义务，其一半成员系本公约及关于各国探索和利用外层空间包括月球与其他天体活动所应遵守原则的条约的缔约国，本公约，除第二十四条至第二十七条外，对所称国家的一切规定完全适用于该组织。2. 凡既是这种组织的成员国，又是本公约的缔约国的国家。应采取一切适当步骤，保证该组织按上款的规定发表声明。3. 若国际政府间组织根据本公约的规定对损害负有责任，该组织及其成员国中的本公约缔约国，应承担共同及个别责任；但：（1）对这种损害的任何赔偿要求，应首先向该组织提出；（2）唯有在该组织于六个月内，未支付经协议或决定规定为赔偿损害而应付的款额时；要求赔偿国才得要求，该组织成员国中的本公约缔约国负责支付该款额。4. 凡按本条第一款的规定发表了声明的组织，受到损害时，应由该组织内的本公约缔约国根据本公约的规定，提出赔偿要求。”

国维和部队的行为应当归责于其所属的会员国还是联合国这一问题的认定，为后来的实践提供了先例，也对《国际组织责任条款草案》的拟定产生了影响。

1999 年 6 月，联合国安理会通过了第 1244 号决议，建立了由其部分会员国和相关国际组织（主要是北约组织）组成的维和部队（KFOR），该部队进驻前南联盟塞尔维亚共和国的科索沃地区。在此期间的 2001 年，KFOR 指控萨尔玛提参与了威胁科索沃维和部队的活动，并拘留了他，直到 2002 年 10 月根据科索沃最高法院的命令萨尔玛提才得以释放。萨尔玛提根据《欧洲人权公约》第 5 条和第 13 条的规定，将法国、德国和挪威三个国家作为被告，向欧洲人权法院起诉，认为被告非法拘留的行为侵犯了其相关人权。"贝赫拉米案"涉及的法律问题也与前者相类似，欧洲人权法院认为两个案件的核心问题相似，因而合并审理。〔1〕

欧洲人权法院基于联合国对于 KFOR 和 UNMIK（United Nations Interim Administration Mission in Kosovo，联合国科索沃临时行政当局特派团）的实际控制，判决作为委托机构的成员国，即案件被告，不承担法律责任，KFOR 的行为产生的法律责任应由联合国承担。该法院认为，KFOR 的行为在原则上应归于联合国，因为 KFOR 是基于联合国安理会根据《联合国宪章》第七

〔1〕"贝赫拉米案"的主要案情为：2000 年 3 月，加德夫·贝赫拉米（Gadaf Behrami）与比金·贝赫拉米（Bekim Behrami）等一群男孩在科索沃 Mitrvica 地区的山上玩耍，其间他们发现了一些 1999 年北约部队空袭时丢下的未引爆的炸弹，一个男孩不知危险地将一枚炸弹扔向空中引起爆炸，炸死了加德夫·贝赫拉米，比金·贝赫拉米的眼睛被炸瞎。加德夫·贝赫拉米与比金·贝赫拉米的父亲认为 KFOR 的法国部队，明知存在未引爆炸弹的位置，而没有设置警示并拆除这些炸弹，从而造成了损害。More details about the "Bahrami Case" and the "Saramati Case", see H. G. Schermers and N. M. Blokker, *International Institutional Law*, Martinus Nijhoff Publisher, 2011, pp. 1014~1015.

章的授权而进行合法的活动，安理会对其行动保留了最高权力和控制（ultimate authority and control）。由于联合国并非《欧洲人权公约》的当事方，也不在欧洲人权法院的管辖权范围内，该案原告的诉求基于属人理由（ratione personae）不应适用《欧洲人权公约》的规定，因而该案不具有可受理性。与此思路一致，欧洲人权法院还判决，北约在科索沃维和行动引起的法律责任也应由授权该行动的联合国承担，北约及其成员国均不承担法律责任。[1]

“萨尔玛提案”与“贝赫拉米案”的判决引发了不少的争议，尤其是欧洲人权法院关于“最高权力和控制”的认定。就连联合国秘书长也不认同该法院的观点，他认为“联合国的国际责任仅仅以其有效的军事控制（effective operational control）范围为限”。[2]欧洲人权法院的判决充分反映了国际组织与其成员在国际责任规则问题上的争议，而最具争议的有关“最高权力和控制”的尝试，并不利于国际组织“揭开面纱”制度的实施以及国际组织成员责任的承担。事实上，KFOR 的行动不仅向 UNMIK 报告，也定期向联合国报告，拘捕萨尔马提的事件甚至在联合国安理会会议上被提及。因此即使采用广泛受到认同的“有效控制”（effective control）原则，该案也能得到同样的解决。有学者提出了该案的最佳结果应是，联合国对 UNMIK 的行为承担责任，而 KFOR 的行为应当由其自身或北约组织承担责任。[3]

---

〔1〕 See “Agim Bahrami et Bekir Beharmi v. France”, Application No. 71412/01; “Ruzdhi Saramati v. France, Germany and Norway”, Application No. 78166/01, Decision of the Grand Chamber on admissibility, 31 May 2007.

〔2〕 UN Doc. S/2008/354, Report on UNMIK, 12 June 2008, p. 4.

〔3〕 See H. G. Schermers and N. M. Blokker, *International Institutional Law*, Martinus Nijhoff Publisher, 2011, p. 1016.

近期，英国法院又处理了一件相关案件，但是却得出了相反的结论。联合国安理会于2004年通过了第1546号决议，决定向伊拉克派遣维和部队，英国是其中一员。阿尔-吉达拥有伊拉克和英国双重国籍，英国部队以其涉嫌参与恐怖活动为由，将其羁押。原告阿尔-吉达认为，英国部队的羁押行为，未经法律程序，因而违反《欧洲人权公约》第5条有关人身自由和安全权利的规定。2005年，英国初审法院判决原告败诉；2007年，英国上诉法院维持了原判；之后，原告向英国国会上议院上诉。作为该案被告的英国政府认为，英国维和部队在伊拉克的行为应归责于联合国，因为后者对其行为进行了有效控制；英国上议院应遵循欧洲人权法院在“Agim Bahrami et Bekir Beharmi v. France案”中的判决先例，即成员国法院没有对发生在维和地区的联合国部队行为的管辖权。然而，这一观点遭到了英国上议院的驳回。其中，除了罗德尔法官之外，其他法官都认为，英国部队并未受到联合国实际、有效的控制，因而该部队的责任不应归于联合国。[1]

个案争议引发了权威机构的关注与审议，国际法研究院与联合国国际法委员会分别给出了自己的解决方案。对于国际组织成员的第三方责任问题，国际法研究院在其编纂的《第三方义务对成员国的法律后果》中得出了三点结论：第一，国际组织成员的第三方责任问题取决于该组织规则的规定。第二，根据一般国际法的原则，国际组织成员在特定情况下，可能承担第三方责任，如默许（acquiescence）或滥用权利（abuse of rights）；此外，基于成员国的承诺或者国际组织在法律上或事实上作为成员国的代理人作出行为，成员国可能引起第三方的

---

〔1〕 See R（Al-Jedda）v. Secretary of State for Defence，2007，UKHL 58.

责任。[1]第三，并不存在一般国际法规则，规定仅仅因为成员的身份，而引起国际组织成员的第三方责任，包括连带责任或补充责任；并不能够从国际组织规则中有关限制或排除成员责任的条款、国际组织的解散条款，推论出这些国际组织成员应当承担第三方责任的一般国际法规则；也不能够仅仅因为建立国际组织是为了成员国的自身目的、国际组织的行为已构成越权（ultra vires）的事实，而导致其成员国的责任。[2]

不同于国际法研究院决议的“研究性”特点，对于同样的问题，联合国国际法委员会在其二读通过的《国际组织的责任条款草案》中，显然更具有“规则性”特点。国际法委员会既没有对有关一般国际法规则的存在和适用情况作出判断，也没有对该问题本身作出原则上的规定，而是从具体的行为模式出发，规定了可能引起国际组织成员第三方责任的条件。这些条件包括成员国援助或协助、指挥和控制、胁迫国际组织实施国际不法行为；国际组织成员国利用该国际组织规避国际义务。[3]此外，在两类情况下，国际组织成员国应对该组织的国际不法行为承担责任：成员国已接受该行为引起的对受害方的责任；或者成员国已导致受害方认定它将承担责任。上述两类情况所产生的国家的第三方责任，均应推定为补充责任。[4]其实，对于国际法研究院的部分研究结论，国际法委员会还是予

〔1〕“The Legal Consequences for Member States of the Non-fulfilment by International Organizations of Their Obligations Toward Third Parties”, Session of Lisbonne, *The Institute of International Law*, 1995, Article 5.

〔2〕“The Legal Consequences for Member States of the Non-fulfilment by International Organizations of Their Obligations Toward Third Parties”, Session of Lisbonne, *The Institute of International Law*, 1995, Article 6.

〔3〕《国际组织的责任条款草案》第58、59、60、61条。

〔4〕《国际组织的责任条款草案》第62条。

以了采纳，并有所发展。例如，“国际组织成员国利用该国际组织规避国际义务”与第 62 条规定的成员国承担补充责任的情况，就分别对应了《第三方义务对成员国的法律后果》决议中“滥用权利”和“默许”的情况。

由具体的个案结论到权威机构的“立法性”结论，国际组织与其成员间的国际责任问题无疑在走向明朗，但是这一问题仍尚未得以解答穷尽。具体司法实践之间的矛盾是明显的，研究结论之间也存在诸多不一致的要点。争议依然伴随着国际组织的实践，还有对于上述问题的解答。

本章小结

对于国际组织的行为与活动，其法律责任问题来自三个方面法律体系的共同调整，即国际组织的内部法（internal law of the international organization）、国内法（domestic legal orders）和国际法（international law）。本章分别对此三个方面的法律体系进行了具体阐述。

首先，存在一类专门调整国际组织内部关系的一系列规则、准则或文书，如国际组织各机构之间的关系，国际组织与其成员之间的关系，国际组织的程序规则、财务规则以及人事规则等，通常将后一类规则统称为国际组织的内部法。在国际组织的内部法中，显然有一类具有特殊法律地位的规则，根据《国际组织的责任条款草案》第 2 条（b）款的规定，此类规则尤其包括国际组织的宪章性文件，依据宪章性文件通过的决定、决议和其他文件，以及国际组织业已确立的惯例，该草案将此类规则统称为“国际组织的规则”（rules of the organization）。就适用《国际组织的责任条款草案》本身的规定而言，国际组织的规则对于国际组织责任的认定具有重要的影响和作用，并能发挥“特别优于一般”的优先效力。欧洲联盟的内部法作为独特而又自成一体的法律体系，在调整非契约性法律责任与国际责任的归责方面都发挥着重要的作用。

其次，由于国际组织需要在国家的领土范围内实现组织目的、履行组织职能、开展执行活动，它们均应受到该国领土管辖权的管辖，因而也必然受到有关国家国内法的约束。迄今为止的国际组织法律实践中，有两个典型案例均因国际组织的违约行为而引发了其国内法上的法律责任问题，即“Westland Helicopters and AOI 系列案”与“International Tin Council 系列案”。本章对两个案例的案件背景、各级机构的推理过程、不同法官的认定观点以及最终的裁判结论，均予以了详细的阐述和分析。这些裁判过程或给予世人启发和借鉴，或遗留下质疑和缺憾，它们无疑都是通过适用有关国家的国内法来认定和解决有关国际组织责任、成员国第三方责任等难点问题的先例，为日后研究有关争议问题提供了宝贵的经验。

最后，国际组织的责任问题应当并且在实际上受到国际法的调整似乎是不言而喻的。因此，采用国际法的有关理论与规则去分析、解决国际组织成员的第三方责任（对外责任）问题，应该更加合理、更加符合公平的要求。欧洲人权法院曾经处理过一些相关的案件，尤其是联合国维和部队的行为应当归责于其所属的会员国还是联合国这一问题的认定，为后来的实践提供了先例，也对《国际组织责任条款草案》的拟定产生了影响。

4

国际组织与其成员间的一般法律责任

《国际组织的责任条款草案》第 64 条以“特别法（lex specialis）”为标题，规定：如果国际不法行为存在的条件、有关国际责任的内容或履行“须遵守国际法特别规则（special rules of international law)，则不适用本条款草案。这种国际法特别规则可能载于适用于国际组织同其成员之间关系的组织规则”。

可见，相对于“特别法”上的法律责任而言，《国际组织的责任条款草案》所规定的内容具有一般性。参照国际法上有关“一般国际法”（general international law）与“特殊国际法”的区分，[1]本章主要以《国际组织的责任条款草案》的规范为基础，探讨国际组织与其成员间的“一般法律责任问题”，“特别法律责任”问题将在本书的其他部分适时阐述。

---

〔1〕“一般国际法”是对于很多或大多数国家都有约束力的国际法。与此相对，“特殊国际法”只对几个或少数国家具有约束力。这样的区分主要是考虑到二者的效力范围不同，以便确定它们的适用。《国际法院规约》第 38 条第 1 款明确规定了“普通”和“特别”国际协约两种形式，无疑从国际司法裁判法律适用的角度支持了这样的区分。参见［英］詹宁斯、瓦茨修订：《奥本海国际法》（第 1 卷第 1 分册），王铁崖等译，中国大百科全书出版社 1995 年版，第 3 页。

4.1 国际组织对其成员的法律责任

国家、国际组织以及非国家实体都可以成为一个国际组织的成员，《国际组织的责任条款草案》主要调整了国际组织与国家、另一国际组织之间的法律责任。一般情况下，国际组织所要承担的是其对非成员国家、国际组织的责任，也就是纯粹的外部责任，而不涉及国际组织与其成员之间的关系问题。这一方面适用《国际组织的责任条款草案》的规范，并不存在争议。

另一方面，存在另外一种情形，当国际组织的成员作为受害方出现时，国际组织对其成员也应承担相应的法律责任。此时，《国际组织的责任条款草案》的规则同样适用，但考虑到国际组织的内部关系等因素，该草案也设立了一些特殊的规定。

4.1.1 一般性责任的构成

国际组织的每一国际不法行为均引起该组织的国际责任，[1]当其作为或不作为满足以下两个条件时即构成国际不法行为：①依据国际法，该行为可归于该组织；②该行为构成对该组织国际义务的违反。[2]

《国际组织的责任条款草案》的上述措辞只是将《国家责任条款草案》第1条中的“国家”替换成了“国际组织”。由此可见，国际责任的上述构成要件，可以同等地适用于国家、国际组织以及其他实体。对于国际组织而言，联合国秘书长曾在关于维和行动的一份报告中指出：普遍公认的国家责任原则也

[1] 《国际组织的责任条款草案》第3条。

[2] 《国际组织的责任条款草案》第4条。

可以适用于国际组织，即如果因违反国际义务而造成损失，并且这种损失归于国际组织，则该国际组织应承担赔偿责任。[1]国际法院在“关于与人权委员会特别报告员享有法律诉讼豁免权有关的争议”咨询意见中指出：“享受法律诉讼豁免权的问题不同于对由于联合国或其代理人以公务身份采取行动造成的任何损害予以赔偿的问题……联合国或许必须对这些行为造成的损害承担责任。”[2]

但是我们注意到，上述草案条款并未加入“损害”（damage）这一要素，这一问题及其处理方式在《国家责任条款草案》中已经得到了说明与解决。一方面，许多国际组织的国际不法行为，都可能造成其他国家或国际组织的损害，但并不是所有的不法行为都一定导致某种损害，如单纯的违反约定行为，也应当引起国际法上的责任。常设国际法院在“摩洛哥磷酸盐案”中就曾强调了这一观点，当国际不法行为发生时，当事方之间便立即确立了国际责任。[3]因此，导致“损害”并不是国际责任的必要条件。另一方面，该草案条款也没有排除“损害”要素的发生与存在，而是对此“保持了沉默”，这无疑是一项明智之举。因为在确定有关国际责任的赔偿问题时，“物质和道义上的损害仍是一个必要因素”。[4]

4.1.1.1 行为可以归于国际组织

行为可以归于国际组织的情况包括：

（1）国际组织的机关（organs）或代理人（agent）的行为。

---

〔1〕 参见 A/51/389，第 4 页。

〔2〕 “Difference Relating to Immunity from Legal Process of a Special Rapporteur of the Commission on Human Rights”, Advisory Opinion, I. C. J Reports, 1999, pp. 88~89.

〔3〕 See “Phosphates in Morocco Case”, Series A/B, P. C. I. J Annual Reports, 1938, pp. 25~26, 28.

〔4〕 贺其治：《国家责任法及案例浅析》，法律出版社 2003 年版，第 59 页。

国际组织的机关或代理人履行该机关或代理人职能的行为，依国际法应视为该组织的行为，不论该机关或代理人相对于该组织而言具有何种地位。

①“国际组织的机关”是指按照该组织的规则具有该地位的人或实体。因此，可以认为《国际组织的责任条款草案》将“机关”的认定权留给了国际组织自身，而没有给出实质性的定义。有的国际组织在其宪章性文件中列举了机关名单，如《美洲国家组织章程》第 51 条将大会、外交部长磋商会议、理事会、美洲司法委员会、美洲人权委员会、总秘书处、专门会议和专门组织都作为该国际组织的机关。也有的国际组织对此设有“兜底条款”，如《北大西洋公约》第 9 条将理事会作为该组织的唯一机关，但同时规定，理事会有权设立必要的附属机构，后者也因此而获得了该组织机关的地位。②“国际组织的代理人”是指该组织的机关以外，受该组织之命行使或帮助行使某项职能，从而替该组织行事的官员、其他人或实体。代理人为被代理人的利益或职务、职能、权能行事，其行为的法律后果，无论是有利的还是不利的，均归于被代理人，这是代理关系的实质特征。国际法上也是如此，国际组织代理人的行为，归于该国际组织，但此处必须确定存在法律上的代理关系，并且没有超越特定的代理权限，即应排除无权代理与越权代理的情形。[1]作为国际组织的代理人，只要满足代理关系的实质特征即可，即为该组织及其机关执行职务或受托、帮助执行职务，而不论其是否雇佣于该组织、受雇的期限以及执行职务的

〔1〕 有关越权代理的情形，《国际组织的责任条款草案》第 8 条予以了专门的规定。

多少。[1]国际法院在“关于人权委员会特别报告员享有法律程序豁免的争议的咨询意见”中，重申了联合国的代理人，不仅指代其官员，也包括根据联合国的机关所赋予的职能而为联合国行事的其他人员。[2]为了确定国际组织的机关和代理人的职能，则应当适用该组织的规则。[3]

需要特别指出的是，在一些特殊的场合，根据国际组织的宪章性文件而无法确定是否是其机关行为时，有关“代理人”及“代理关系”的认定便可以作为一种补充规则。因为“代理人”既可以包括自然人，也包括机关、机构、组织甚至是国家等实体。如果在执行职能方面存在法律联系，即使无法认定不法行为人是否为国际组织的机关，仍可以因其代理人的身份，将其行为导致的法律责任归于该国际组织。

(2) 交由另一国际组织支配的一国机关或另一国际组织的行为。一国的机关或国际组织的机关或代理人，在交由另一国际组织支配后，如果该组织对该行为行使进行了有效控制（effective control），其行为应视为该具有支配地位的国际组织的行为。

这一条款在一定程度上，可以视为是上述第6条的引申。因为当一国机关或一国际组织的机关或其代理人的行为，完全受到另一国际组织的支配时，前者与后者之间构成代理关系，第6条中有关代理行为的归属规则完全可以得到适用。但还存在一种“借调”的情形，即一国机关或一国际组织的机关或其

〔1〕“Reparation for injuries suffered in the service of the United Nations”, Advisory Opinion, I. C. J. Repots. 1949, p. 177.

〔2〕See “Difference Relating to Immunity from Legal Process of a Special Rapporteur of the Commission on Human Rights”, Advisory Opinion, I. C. J. Reports 1999, pp. 88~89.

〔3〕《国际组织的责任条款草案》第6条第2款。

代理人被借调给另一国际组织，此时该被借调的机关或代理人，既为借入的国际组织行事，也仍然承担着出借国或组织的某些职能，它的行为归属问题便是《国际组织的责任条款草案》第7条所要重点解决的。

在联合国维和行动中，一国将其军事特遣队交由联合国执行维和任务，该维和部队既要受到联合国的调遣和支配，还要受到派遣国的纪律、刑事管辖权等方面的约束。实践中，通常由派遣国与接受的国际组织就有关派遣、执行任务事宜缔结一项专门的协定，并规定由哪一方对该派遣机关、组织或部队的行为负责。在联合国的维和部队派遣场合，除了一些特定的免责条款之外，联合国对第三方负有法律责任。但很显然，这些协定约定只在当事方之间有效，而未能解决根据一般国际法的责任归属、第三方的求偿对象等问题。

绝大多数情况下，联合国认为它对于参加维持和平行动的派遣国部队，拥有唯一的控制权。正如联合国法律顾问所说："作为联合国的一个附属机关，一支维持和平部队的行动，从原则上说，可归属本组织，如果实施此种行为违反了国际义务，就会引起本组织的国际责任及其赔偿责任。"〔1〕这一观点是对联合国在刚果、塞浦路斯以及其他国家和地区维持和平行动有关实践的一次总结，并得到了联合国秘书长的印证，保持了联合国对于第三方的责任原则。〔2〕但在另外一些特殊情况下，考虑

---

〔1〕 2004年2月3日联合国法律顾问给编纂司司长的未发表的信，A/CN. 4/545，第二部分G节。See "Draft Articles on the Responsibility of International Organizations", with Commentaries, *Yearbook of the International Law Commission*, 2011, vol. Ⅱ, Part Two, General Commentary, p. 21.

〔2〕 联合国秘书长在一次评论中指出，出于若干原因，主要是政治原因，联合国在涉及维持和平行动时，维持其相对于第三方的责任原则。A/CN. 4/637/Add. 1, sect. Ⅱ. B. 3, para. 3.

到派遣国对于派遣部队的约束，可能影响其控制权的实施，联合国采取了不同的做法，将有关责任分配给了派遣国。例如，在执行 1973 年《濒危野生动植物国际贸易公约》所规定的义务时，联合国便采取了上述做法。

因此，对于交由另一国际组织支配的一国机关或另一国际组织的行为归属问题，关键就在于由谁行使“有效控制”。联合国秘书长认为，“有效控制的程度”这一标准对联合行动最为关键，“联合国对其部队与作战有关的活动负有国际责任的前提是，有关行动完全在联合国的指挥和控制下……在联合行动中，部队行为的国际责任在于根据确定该部队派遣国与联合国之间合作安排所赋予的行动指挥和控制权。在联合国与部队派遣国之间没有正式安排的情形下，则根据双方在行动中所行使的有效控制的程度，具体确定责任”。〔1〕同样的原理也可以适用于联合国为执行一些特定的任务，而设立的附属机关以及其他受其支配的其他机关。

欧洲人权法院在“Agim Bahrami et Bekir Beharmi v. France”和“Ruzdhi Saramati v. France, Germany and Norway”这两个案件中，审理了有关行为的归属问题，并注意到了联合国国际法委员会通过的“有效控制”这一标准。该法院认为，考量联合国与其部队之间关系的决定性因素，在于安理会是否保留了最终的权力和控制，从而仅仅下放了部队的行动指挥权。在该案中，北约在军事行动中指挥权的有效性和统一性得到了法院的承认，但法院也认为，驻科索沃部队的驻扎以安理会通过的决议为依据，并认为：驻科部队是在行使联合国安理会根据第七章合法授予的权力，因此该部队的行动在原则上“可归于”联合国。

〔1〕 A/51/389, p. 6, paras. 17~18.

实际上，我们不难发现，在上述案例中，欧洲人权法院并没有直接适用“有效控制”这一标准，而是创设了一种“最终控制”（ultimate control）的标准。正如联合国国际法委员会及许多学者所评论的那样，如果适用委员会的“有效控制”标准，则对部队行动的控制比“最终控制”要更有意义，因为后者几乎没有在有关行动上发挥作用。[1]

尽管，国际法委员会未能对于“有效控制”的标准作出详尽的阐释，但是有一种情形是明显应当得到排除的：被派遣、出借、支配的组织、实体无视或违背接受国际组织的支配、命令和指挥，则该行为不应归于接受国际组织，因为事实有悖于后者对前者的“有效控制”。

实践中，国际组织将其机关交由另一国际组织支配的情况比较少，但也可以比照适用同样的原理。世界卫生组织与泛美卫生组织之间缔结有一项协定，约定在世界卫生组织宪章的范围内，将成立泛美卫生会议，分别作为该区域的委员会和世界卫生组织在西半球区域的办事处。根据这样的安排，泛美卫生组织及其职员的行为便可能牵涉世界卫生组织的国际责任。

（3）逾越权限（excess of authority）或违背指示（contravention of instructions）的行为。国际组织的机关或代理人若以官方身份并在该组织总体职能范围内行事，其行为应视为该组织的行为，即使该行为逾越了该机关或代理人的权限或违背了指示。

对于国际组织，其机关或代理人越权的情形可以包括两种：一种是该越权行为超出了该国际组织的职能范围；另一种是虽

---

〔1〕 See “Draft Articles on the Responsibility of International Organizations”, with Commentaries, *Yearbook of the International Law Commission*, 2011, vol. Ⅱ, Part Two, General Commentary, pp. 23～24; See also C. A. Bell, “Reassessing Multiple Attribution: the International Law Commission and the Behrami and Saramati Decision”, *New York University Journal of International Law and Politics*, Vol. 42, 2010, p. 501.

然越权行为在国际组织的职能范围内，但是超出了具体的授权权限或违背了指示。对于前一种情形，似乎应当由该越权行为人自己承担国际责任，而并不会导致国际组织的责任问题，除非出现类似于“表见代理”等特殊的情形，因为根据有限职能原则，国际组织不应当也不可能对超越其职能范围的行为承担责任，该越权行为也很难被解释成为一种代理行为或官方行为，而完全可以视为行为人的个人行为。因此，《国际组织的责任条款草案》第 8 条规定主要针对的是后一种情形。

在上述条款中，国际组织的机关或代理人应当“以官方身份并在该组织总体职能范围内行事”，这一要件要求行为人的越权行为与国际组织的职能之间必须存在密切的联系，并处于该组织职能的总体范围内，而排除了行为人个人的作为或不作为，条款文末的“权限”和“指示”也应当对于行为人具有约束力。“官方身份”更是强调了该行为应为执行职务行为（公务行为），具有代表属性或代理属性，但这样的表述并不要求行为人必须是国际组织的“官员”。而有关国际组织“总体职能范围”的界定，则应当依据该组织的规则具体判断。

特别需要注意的是，第 8 条的规定仅仅判断越权行为的归属问题，关于该行为的有效性问题，则是该国际组织的内部事项，依据仍然是其组织规则。但这并不影响该行为对于第三方的外部效力，即使该行为被国际组织认定为无效，该国际组织仍然应就该越权行为对第三方承担国际责任，但它可能保留对相关行为人的追索权。国际法院在“关于联合国某些费用的咨询意见”中指出，如果确定所涉行为属于联合国的职能范围之内，但据称是由若干机关以不符合《联合国宪章》所规定的职能分工的方式实施的，这就涉及了联合国的内部层面及其内部组织框架。如果该行为是由不该实施的机关所实施，这对于联合国内部而言是违规行为，但并不意味着该行为所产生的费用就不是联合国产生的费用。国内法和国际法均预期可能发生法人组织或政治组织，因其代理人的越权行为，而对第三方承担法律责任的情形。〔1〕

4. 被国际组织承认并当作自身行为的行为。如果根据上述三种情形无法归于某一国际组织的行为，在并且只在该组织承认此行为并当作自身行为的情况下，才能视为该组织的行为。

这一条款的作用在于对之前行为归属规定的一种“兜底”，但它本身也可以构成可以归属于国际组织的行为的一种情况，即国际组织的“自认”，这也反证出之前的行为归属条款并没有穷尽所有可能发生的情况。当根据之前的行为归属规定无法确定行为归属，或尚无法确定是否可以根据其他标准确定行为的归属时，该条款均可以适用。这也意味着，将某些行为的归属问题，留待了国际组织自身来决定，似乎支持了国际组织拥有可以对此进行“意思自治”的权利。

该条款中的一些具体措辞，非常值得推敲。首先，该条款“承认此行为并当作自身行为”的表述既严谨又是一种强调。国际组织对一种行为的“承认”（acknowledges）仅仅表达了其“注意到”和“意识到”的意思，甚至近似于一种“赞同”（endorsement）的立场，但这并不一定涉及该组织对该行为归属问题的态度以及国际责任的承担。国际组织还必须“接受”（adopts）该行为，即中文版本中意译为“当作自身行为”的情况，表达的是国际组织的一种“内心态度”和“心理因素”。只有当“承认”（acknowledges）与“接受”（adopts）同时满足时，才能认为国际组织对某一行为完全达到了本条款的条件，该行为方

〔1〕 See “Certain Expenses of the United Nations”, Advisory Opinion, I. C. J Reports 1962, p. 168.

才可以以“自认”的方式归于该国际组织。“这里‘承认’和‘接受’是叠加的；这两个词加在一起，清楚地表明国家接受某一行为为其本国的行为，并为此承担责任。”〔1〕对于国际组织而言，上述判断依然适用。其次，“在并且只在”（if and to the extent）的表述，意味着国际组织的“自认”可以存在一定的范围，即可以仅仅承认行为的一部分或特定范围的行为并当作自身的行为，而不影响行为的其余部分或其他行为的归属问题。

《国家责任条款草案》的第 11 条规定了类似的国家“自认”情形，但是国际组织能否与国家一样，做出“自认”的意思表示呢？这在国际组织的“意志”和“决策”方面究竟是否可行？对此，联合国国际法委员会认为，并没有政策上的理由足以妨碍上述规则适用于国际组织，但是在确定国际组织及其机关、代理人是否有权承认并接受某一行为的事项上，可能引发问题。尽管几乎不可能存在特定的规则，国际组织的规则也调整着这一问题。〔2〕

4.1.1.2 行为构成对国际义务的违反

国际组织违反国际义务的行为是指，如果国际组织的行为不符合国际义务对它的要求，那么该组织就违反了该国际义务，不论该义务的起源或特性为何。〔3〕这里的义务既可以来源于条约义务，也可以来源于其他任何国际法的渊源；这些义务可以是对一个或数个国家（包括成员国和非成员国）、一个或数个国际组织以及其他国际法主体，甚至是整个国际社会所应承担的义务。但是，行为发生时国际组织应受一项国际义务的约束，

〔1〕 贺其治：《国家责任法及案例浅析》，法律出版社 2003 年版，第 99 页。

〔2〕 “Draft Articles on the Responsibility of International Organizations”, with Commentaries, *Yearbook of the International Law Commission*, 2011, vol. Ⅱ, Part Two, General Commentary, p. 30.

〔3〕《国际组织的责任条款草案》第 10 条第 1 款。

否则该组织的行为便不构成对该项义务的违反。[1]在条约义务的场合，这是条约只约束其当事方的必然表现；对于其他义务而言，也不可能要求国际组织承担对其不具有约束力的义务。国际法院在“关于世界卫生组织与埃及之间 1951 年 3 月 25 日协定的解释咨询意见”中指出，国际组织应当受到这些国际义务的约束：基于一般国际法、自身的宪章或作为缔约方的国际协定，[2]因而国际组织均存在可能违反上述国际义务。

因此，只要国际组织的行为不符合国际义务对它的要求，即构成违反国际义务，而不论是否发生损害，后者取决于初级规则的规定，并不是导致国际责任的必要要件；并且，违反的义务必须是对该国际组织具有约束力的国际义务。国际组织违反国际义务的行为可以表现为作为和不作为，作为是对禁止性国际义务的违背，而当国际组织受到一种积极的国际义务约束时，该组织的不作为即构成对该义务的违反。因此，概括地说，违反国际义务的行为就是与国际组织依国际法中应该作为或应该不作为不相一致的行为。

此外，在把国际组织的行为定性为国际不法行为时须遵守国际法。《维也纳条约法公约》第 27 条规定：“一当事国不得援引其国内法规定为理由而不履行条约……”联合国大会通过的《国家权利和义务宣言草案》第 13 条规定：“各国有一秉信诚履行由条约和国际法其他渊源产生的义务，不得借口于其宪法或法律的规定而不履行这种责任。”国内法取决于一国单方面的意志，而“在由国家组成的国际大家庭中，各成员国的最高法律

〔1〕《国际组织的责任条款草案》第 11 条。

〔2〕 See “Interpretation of the Agreement of 25 March 1951 between the WHO and Egypt”, Advisory Opinion, I. C. J Reports 1980, pp. 89~90.

不是它的国内法，而是国际法”。〔1〕有学者认为，上述观点已成为阐释国际法与国内法之间关系的一项原则。〔2〕

《国家责任条款草案》第 3 条第 2 款规定了在定性国家不法行为时，“不因国内法把同一行为定性为合法行为而受到影响”，即一国不能用国内法为其违反国际义务辩护，哪怕两者存在相互冲突的规定，但《国际组织的责任条款草案》并没有在此处作出类似的规定。国际组织的宪章性文件本身具有国际条约的性质，而其他规则、决议等造法性文件也可能成为国际法的一部分，因而难以与国际法相区分；况且，国际组织的这些文件也仅在该组织与其成员之间的关系上，可能影响到国际不法行为的定性，对于非组织成员而言并不具有普适性。《国际组织的责任条款草案》第 10 条第 2 款规定：“第 1 款也适用于一国际组织违反其依组织规则对成员的义务的情况。”这一规定涉及了国际组织宪章性文件的法律地位、效力范围等问题，本书已在“国际组织与其成员间责任问题的法律调整”一章中详细阐述，此处不再赘言。

国际组织的行为违反国际义务还包括两种特殊情况：行为在时间上的延续（extension in time）和复合行为（composite act）违反义务。

（1）违反国际义务行为在时间上的延续。①国际组织的非持续行为违反一项义务时，该行为发生时的时刻即为违反义务行为发生的时刻，即使该行为的影响继续存在；②国际组织的

---

〔1〕 引文是尼尔森（F. K. Nielson）法官在墨西哥—美国求偿委员会对“国际渔业公司案”（International Fisheries Co. case）中发表的意见。转引自贺其治：《国家责任法及案例浅析》，法律出版社 2003 年版，第 76 页。

〔2〕 See Bin Cheng, *General Principles of Law: As Applied by International Courts and Tribunals*, Cambridge: Grotius Publications, 1993, pp. 170~171.

持续性行为违反一项国际义务时，该行为持续并始终违反该项义务的整个期间即为违反义务行为延续的时间；③如果一项国际义务要求某一国际组织防止一个特定事件的发生，则该事件发生的时刻即为违反义务行为发生的时刻，而该事件持续进行并始终违反该项义务的整个期间即为违反义务行为延续的时间。[1]

为了确定违反国际义务的时间以及违反国际义务的行为（违反行为）是否已经完成，上述条款将违反行为分为两类：非持续行为和持续性行为。对于一项已经完成的违反行为，如果它的完成时刻与违反国际义务的时刻相重合，即行为的完成意味着违反国际义务的即时发生，则此类违反行为便是非持续性的。其中，有必要区分以下两点：首先，之所以强调违反行为的完成时刻，是因为该行为本身发生之后可能存在时间上的持续。如一国警察伤害另一国外交代表的不法行为，其伤害行为本身存在一段持续时间，但此处以其行为的“完成”时刻作为认定的时间点。其次，尽管违反行为已经完成，对于国际义务的违反也已发生，但该行为所产生的影响或后果仍可能处于持续状态。例如，一国警察伤害另一国外交代表的不法行为，当伤害行为已经完成后，国际义务也已遭到违反，但受害人仍持续地处于受伤的状态中，不法行为所造成的影响或后果仍处于持续状态。在这种情况下，并不影响该行为的性质认定，这类行为仍属于非持续行为，属于一种“具有持续影响的即刻的不法行为”（instantaneous wrongful act with continued effects）。

确定非持续性行为的完成时刻具有重要的法律意义，尤其是对于时效原则的适用、国际法庭管辖权的行使等方面而言。

---

〔1〕《国际组织的责任条款草案》第12条。

在意大利诉法国的“摩洛哥磷酸盐案”中，法属摩洛哥矿业部于 1925 年 1 月 8 日剥夺了意大利公民的既得权利。法国曾发表承认常设国际法院的强制管辖权的声明，接受该法院对于法国 1931 年 4 月 25 日以后发生的情势与事实所引起的争端的管辖；意大利为了寻求法院对该案行使管辖，认为法国的违法行为虽然发生在 1925 年，但因为拒绝司法，该行为一直延续到法国上述声明的日期之后，成了一种持续的违法行为。然而，常设国际法院驳回了意大利的意见，认为法国的上述违法行为并不是持续行为，而是一种“具有持续影响的即刻行为”，由于其损害没有得到补偿，其有害影响仍然存在，但它并未引起新的情势与事实，因而不应适用法国的声明，法院对该案不具有管辖权。

与非持续行为相对，持续性行为是指不法行为发生后与违反国际义务的状态在一定时期内不断地进行下去的一类行为。因此，只要国际义务持续有效，则不法行为也就不间断地存在于违反国际义务的整个期间。例如，对一个国家领土的非法占领行为，便是一种典型的持续性行为，非法占领的整个期间都是不间断地违反有关国际义务。通常情况下，持续性行为本身也是在一段期间内得以延续的行为，而不是那些即刻得以完成的“瞬时”行为。在“美国驻德黑兰的外交和领事人员案”中，国际法院认为，伊朗示威群众对美国使领馆的占领以及扣押其使领馆人员的行为，导致了伊朗“连续地并仍持续地违背两个维也纳公约中它对美国的条约义务”[1]。

对于持续性行为的判断和认定，影响着有关国际责任承担的轻重。在“彩虹勇士号仲裁案”中，常设仲裁法院赞同了联

---

〔1〕 即 1961 年《维也纳外交关系公约》和 1963 年《维也纳领事关系公约》。“United States Diplomatic and Consular Staff in Tehran”, Judgment, I. C. J. Reports 1980, pp. 31~32, 38.

合国国际法委员会关于非持续行为与持续行为的区分，认为法国未按照与新西兰的协定中的约定将两名特工人员押回法属豪岛，构成违约行为，而且是一种持续性的违约行为，该行为的严重性及其持续的期间，必然对确定有关与其相称的赔偿产生重大的影响。

（2）复合行为违反义务。①国际组织通过被定义为不法行为的一系列作为和不作为而违反国际义务的情势，发生于一作为或不作为发生的时刻，该作为或不作为连同其他作为或不作为看待，足以构成不法行为；②在这种情况下，自该系列作为和不作为中第一个作为和不作为开始，这些作为或不作为反复发生并始终违反该项国际义务的整个期间，即为违反义务行为延续的时间。[1]

该条款第一项描述了复合行为的概念，尽管这个描述并不十分清晰，尤其是中文版本。概括地说，复合行为就是在一定期间内，一系列的单独行为所汇集而成的一个行为系统。构成复合行为的单独行为，可能是合法行为，也可能是不法行为，但复合起来必须足以构成不法行为。复合行为是通过一系列的行为在一定期间内达到持续状态，而不是单独行为在一定期间内的持续，后者属于持续性行为。复合行为中的一系列行为之间必然保持着一定的关联关系，它们之间可能存在共同的意图、内容、作用和影响，而不仅仅是一连串彼此无关联的单独行为，它们一系列地汇集起来被界定为非法的作为或不作为。

在国际法中，许多严重的不法行为都是通过复合行为的形式实施的，复合行为也是认定这些不法行为的要件之一，如灭绝种族、种族隔离、危害人类罪、种族歧视等等。1948 年《防

〔1〕《国际组织的责任条款草案》第 13 条。

止及惩办灭种罪公约》第 2 条将灭绝种族罪界定为一种“复合型”罪行，它是指一个负有责任的政府或其他实体，采取了系统性的政策或行动，杀害某一民族、人种、种族或宗教团体的成员，并旨在全部或局部地消灭该群体。可见，单独的杀害行为仅仅构成谋杀行为，而只有“系统性”杀害行为的“复合”，才构成灭绝种族的行为。

该条款的第 2 项规定了对于“复合行为”持续期间的认定标准，即数个单独行为已经发生，并足以构成不法行为，则从第一个作为或不作为开始，这些作为或不作为反复发生并始终违反该项国际义务的整个期间，即为违反义务行为延续的时间。可以认为，复合性不法行为以“足以构成不法行为”为临界点，追溯到该复合行为的第一个单独行为，并以该单独行为的发生时间作为整个复合行为持续时间的开始。

在国际组织因复合行为违反国际义务的场合，该国际义务应当在整个复合行为的持续期间内始终有效。即从复合行为的第一个单独行为开始，对于该国际组织已经产生了法律约束力；对于之后的每一个单独行为，也是如此，直到整个复合行为得以完成，否则可能发生时效中断的效果。

4.1.2 派生性责任的类型

《国际组织的责任条款草案》第四章专门规定了“国际组织对国家或另一国际组织行为的责任”的若干类型。这类行为虽然依据“将行为归于国际组织”的一般归属规则，在形式上无法归属于国际组织，因而如果依据一般性责任的构成要件，该组织并不承担国际责任；但是由于此类行为的各种特殊性，《国际组织的责任条款草案》参照《国家的责任条款草案》第四章第 16~18 条的规定，采取了实质重于形式的认定，只要符合具体的要件，相关的国际组织都应对此类行为承担国际责任。

因此，从实际作用的角度看，《国际组织的责任条款草案》第四章这部分条款，既是一般性责任构成的“例外条款”，也是国际组织对其他实体（包括国家或另一国际组织）的行为承担国际责任的范围。只有在这些特定的情形下，国际组织才对另一国际组织或国家的行为承担一种“派生性责任”〔1〕。

此外，由于该章条款界定了哪些行为属于国际不法行为，因而其内容必然涉及有关国际组织责任的初级义务范围，在一定程度上突破了国际组织的责任作为一种次级义务的界限。以下将就《国际组织的责任条款草案》第四章的条款逐一具体阐述。

（1）援助或协助（aid or assistance）实施国际不法行为。如果该组织这样做时知道该不法行为的情况，而且该行为若由该组织实施会构成国际不法行为，国际组织应对其援助或协助国家或另一国际组织实施的国际不法行为承担责任。〔2〕

该条款中，“如果该组织这样做时知道该不法行为的情况”，即要求国际组织在援助或协助实施不法行为时，存在主观上的“意图”。只有这样，国际组织“意图”通过援助或协助以促使国际不法行为的发生，该不法行为实际上是由该国际组织实施的，否则该国际组织就不应对此承担国际责任。另外，这里的“援助或协助”行为应具有实质性作用，较大地促进了不法行为的发生或实施。“该行为若由该组织实施会构成国际不法行为”，这一规定要求不法行为应同时适用于实施援助或协助的国际组

〔1〕 本书在此处借用瑞士仲裁员胡伯（M. Huber）在《英国在西班牙的摩洛哥领地的求偿案》中采用的“派生责任”（derived responsibility）一词。参见贺其治：《国家责任法及案例浅析》，法律出版社 2003 年版，第 132~133 页。

〔2〕《国际组织的责任条款草案》第 14 条。

织，这也就意味着，不法行为所违反的国际义务，对于该国际组织应该同样具有法律约束力。

（2）指挥和控制（direction and control）实施国际不法行为。国际组织应为其指挥和控制国家或另一国际组织实施的国际不法行为承担国际责任，如果该组织这样做时知道该不法行为的情况，而且该行为若由该组织实施会构成国际不法行为。[1]

该条款中，“该组织这样做时知道该不法行为的情况”与“行为若由该组织实施会构成国际不法行为”的两个主要要件与上一条款相同。但是，究竟怎样的行为及其程度才能构成本条中的“指挥”和“控制”行为，却是一个值得探讨的问题。

《国家的责任条款草案》第17条的评注指出，“指挥”的含义不仅仅限于煽动或暗示，而是意味着对于行动的实际指挥；“控制”是指支配不法行为的实施，而不只是监督、影响或关注等情况。[2]因此，该条中的“指挥和控制”限于“实际上的支配”的情况，必须出于支配其他实体引起国际责任的目的，而作用于不法行为，其具体方式可能是多种多样的。但也可能存在“指挥”与“控制”行为相分离，而分别作用于同一不法行为的情形。在国际法院“使用武力的合法性案”中，被告法国就认为联合国驻科索沃的部队，是由北大西洋公约组织负责指挥，而联合国则控制着该部队。

还存在一种特殊的情况，国际组织通过有约束力的决定，“指挥和控制”其他实体实施不法行为。在这种情况下，上述规定就与《国家的责任条款草案》第17条的规定发生了一定范围

---

〔1〕《国际组织的责任条款草案》第15条。

〔2〕“Draft Articles on the Responsibility of States for Internationally Wrongful Acts”, with Commentaries, *Yearbook of the International Law Commission*, 2001, vol. Ⅱ, Part Two, p. 69.

内的重叠，因为第17条还包括：对于受到指挥和控制的实体来说，指挥和控制实施的行为并不违法。因此，两个条款之间在适用上虽可能产生重叠，但它们并不冲突，可以并存。

（3）胁迫（coercion）国家或另一国际组织。胁迫国家或另一国际组织实施某行为的国际组织，应对该行为负国际责任，如果在没有胁迫的情况下，该行为会是被胁迫国或国际组织的国际不法行为，而且进行胁迫的国际组织这样做时知道该行为的情况。〔1〕

这是最典型的国际组织应当为其他实体承担国际责任的情况。国际法院在"《预防并惩治灭绝种族罪公约》的适用案"中，便将该条规定所反映的内容描述为是对习惯规则的反映。〔2〕

因为"胁迫"的作用而导致了被胁迫的实体在实施行为时，意思表示的不真实；但是，对于被胁迫的实体而言，该条规定似乎又排除了对其主观要件的认定，从而规定"如果在没有胁迫的情况下，该行为会是被胁迫国或国际组织的国际不法行为"，这意味着即使排除了"胁迫"的因素，该行为本身也足以构成被胁迫实体的国际不法行为，本来一般情况下国际不法行为的认定并不需要考虑主观要件。因此，"胁迫"在本条语境下的作用，仅仅是导致了被胁迫实体"实施"不法行为的因素，而并不影响前者国际不法行为本身的构成。

另一方面，对于进行胁迫的国际组织而言，所胁迫的行为本身并不一定是不法行为，如果该组织直接实施同样的行为，并不一定构成不法行为。但是，被胁迫的行为对于被胁迫的实

---

〔1〕《国际组织的责任条款草案》第16条。

〔2〕 See "Case Concerning Application of the Convention on the Prevention and Punishment of the Crime of Genocide", Judgment, I. C. J. Reports 2007, p. 150.

体而言，一定构成不法行为，这一点进行胁迫的国际组织“在知道该行为的情况下这样做”，即明知上述“不法性”而故意实施了胁迫行为，因而应当对此承担国际责任。

（4）通过向成员发出决定（decisions）和授权（authorizations）而避免承担国际义务。①如果国际组织通过具有约束力的决定，使其成员国或为其成员的国际组织实施，若由该组织自己实施会构成国际不法行为的行为，从而使该组织避免承担国际义务，则该组织负有国际责任。②如果国际组织授权其成员国或为其成员的国际组织实施，若由该组织自己实施会构成国际不法行为的行为，且有关行为因授权得以实施，则该组织负有国际责任。需要强调的是，无论有关行为对于上述决定或授权所针对的成员国或为其成员的国际组织是否构成国际不法行为，上述两种情况均应适用。〔1〕

与国家主体不同，国际组织存在于其成员之间的内部关系，该条款正是针对国际组织的这一特点而创设的，旨在防止国际组织通过决定或授权的方式，利用成员的行为达到自身“规避”国际义务的情况发生，后者具有独立的法律人格。世界知识产权组织的法律顾问对此提出过的书面意见认为，如果一成员国遵照其所属的国际组织的要求采取某一行为，违背了该国和该国际组织的国际义务，则该组织也应被视为依国际法负有责任。〔2〕

国际组织可以对其成员作出具有法律约束力的决定（bind decisions）和不具有法律约束力的决定（non-binding decisions），后者包括授权（authorizations）、建议（recommends）等形式，上述条款的主要思路就是据此展开的。这一思路，在一读通过的《国际组织的责任条款草案》第 16 条的结构安排上更加明

〔1〕《国际组织的责任条款草案》第 17 条。

〔2〕 See *A/CN*. 4/556, sect. Ⅱ. N.

显，显然一读草案中的原文是将国际组织的决定分成了两大类。〔1〕

当一项国际义务对于国际组织具有约束力，但对于其成员并不具有约束力时，如该组织是某项条约的当事方，但其成员并非当事方的情形，国际组织利用其成员规避该国际义务的机会较高。因此，为了预防上述情况的发生，该条最后一款规定“无论有关行为对于上述决定或授权所针对的成员国或为其成员的国际组织是否构成国际不法行为”，也就是不考虑该行为是否会构成成员的国际不法行为，这同等适用于该条“决定”和“授权”的两个条款、两种情况。

另一方面，该条“决定”和“授权”的两个条款最重要的不同点就在于，前者并不要求决定的行为得到实施，而后者明确规定“有关行为因授权得以实施”。这是因为在“具有约束力的决定”的情形下，国际组织的成员应当遵守并执行该决定，第三方因此受到损害的可能性很高，因而有必要给予其在该行为实施之前的一种预防性救济的权利。另外，这样的制度设计本身也可以对此类行为产生预防的作用，因为当国际组织作出

---

〔1〕 一读草案原文为：1. An international organization incurs international responsibility if it adopts a decision binding a member state or international organization to commit an act that would be internationally wrongful if committed by the former organization and would circumvent an international obligation of the former organization. 2. An international organization incurs international responsibility if: (a) It authorizes a member state or international organization to commit an act that would be internationally wrongful if committed by the former organization and would circumvent an international obligation of the former organization, or recommends that a member state or international organization commit such an act; and (b) That state or international organization commits the act in question because of the authorization or recommendation. 3. Paragraphs 1 and 2 apply whether or not the act in question is internationally wrongful for the member state or international organization to which the decision, authorization or recommendation is directed.

“具有约束力的决定”时，便处于一种两难的境地。如果其成员不遵守、不履行该决定，那么其成员应当承担国际组织内部的责任；如果其成员遵守并履行该决定，那么国际组织就必须承担由此产生的国际责任。对此作出权衡后，国际组织很有可能明智地选择放弃此类行为的发生。

但是，这样的制度设计是否可能造成因实施行为之前的预备行为而承担国际责任，从而突破了“行为产生责任”的基本原理和构成？尤其是在成员没有遵守并履行决定的时候，国际组织仅仅因其内部行为而承担外部责任，是否公平与合理？这些问题仍有待具体实践的证明。

对于该条第 2 款“授权”的情形而言，由于授权行为与实际行为可能发生不一致，因此规定授权行为要在实际上得到实施，也是出于这样的考虑，只有在二者一致的情况下，国际组织才能因该授权而导致不法性。否则，国际组织就仅仅对其授权范围内的实际行为承担国际责任，超出该范围的部分行为则依其他条款作出适当的认定。“有关行为因授权得以实施”的规定，还为授权行为与实际行为之间建立了一种直接的因果关系，要求实际行为依赖于这种授权，后者对于前者在实际上也起到了决定性的作用，实际行为是授权所导致的结果。这一观点得到了许多国家的支持，如奥地利就认为实际行为与授权之间必须存在非常紧密的联系。

对于国际组织的“决议”和“授权”的实际履行问题，应该是其成员意思自治的领域，但应当受到国际组织规则的调整和约束，总体上属于该组织与成员之间的内部关系问题，因而该条款在此处并未涉及成员实际行为的有效性等问题。

此外，我们注意到，与一读通过的草案相比，二读草案中本条款删去了有关“建议”的部分，即原条款要求国际组织为其通过“建议”规避国际义务的行为承担国际责任，其具体的适用条件与“授权”部分相同，因而二者都是作为不具有法律约束力决定的形式。但是，“授权”与“建议”的概念差别很大，前者本身就会产生一种类似于“代理”的特定法律后果；而后者在法律上是模糊的，并且留给成员的自主选择权很大，依据目前的实践，很难在法律上作出统一的规制。联合国国际法委员会在一读草案的评注中，没有给出二者的区别，但可能认为它们在导致国际责任的后果方面可以比照适用。然而，国际法委员会也未能有效地解决其他方面的问题，尤其是“建议”本身的界定、“建议”与实际行为的联系等等，目前的理论和实践都难以排除由此可能产生的争议。

该条款是直接为处理国际组织与其成员之间关系所导致的国际责任问题，专门设计的一个制度条款。对于《国家责任的条款草案》以及国际责任法而言，也是一种在规则、制度上的突破和创新。当然，新事物的出现不可避免地总会伴随着争议，有些国家和国际货币基金组织仍然反对国际组织因不具有约束力的决定而承担国际责任。

5. 作为另一国际组织成员的国际组织的责任。《国际组织的责任条款草案》第 18 条规定：在不影响该草案第 14 条至第 17 条的情况下，即本书上述所列四种情形下，作为另一国际组织成员的国际组织也可因前者的行为而产生国际责任，其条件与该草案第 61 条和第 62 条中适用于作为国际组织成员的国家的条件相同。[1]

该条款并没有设定一种独立的情况，而是明确规定了作为成员的国际组织如果对其所属的国际组织，采取了以上第 14～

〔1〕《国际组织的责任条款草案》第 18 条。

17 条的行为，例如，作为成员的国际组织援助或协助其所属的国际组织，实施国际不法行为，那么对于国际组织成员而言，也将产生相应的国际责任。但这是有条件的，具体条件草案在第 61 条和第 62 条中作出了明确的规定。

由于相应的实践几乎没有出现，联合国国际法委员会在此借鉴了《国家责任的条款草案》的规定，并认为至少第 61 条和第 62 条规定的情况在此适用于国际组织是可取的，因而仅仅提到了上述两个条文的情况，其他情况尚不清晰。[1]此处，本书仅仅将《国际组织的责任条款草案》第 61 条和第 62 条原文列出，具体的将在后文中集中阐述。

该草案第 61 条规定了“国际组织成员国规避国际义务”的情况。国际组织成员国若为规避国际义务而利用该组织对于该国某一国际义务事项所具有的职权，促使该组织实施若由该国实施即构成违反该义务的行为，则产生国际责任。无论该行为是否构成该国际组织的国际不法行为，上述规定均能适用。

该草案第 62 条规定了“国际组织成员国对该组织国际不法行为的责任”的情况。在下列情况下，国际组织成员国应对该组织的国际不法行为负责：成员国已接受该行为引起的对受害方的责任，或者成员国已导致受害方认定它将承担责任。按照上述规定产生的国家的国际责任应推定为次要责任。

4.1.3 行为不法性的解除

在一些特殊情形下，国际组织的行为虽然在表面上违反国际义务，但实际上却由于符合国际社会的惯常做法，而不具有

---

〔1〕 See “Draft Articles on the Responsibility of International Organizations”, with Commentaries, *Yearbook of the International Law Commission*, 2011, vol. Ⅱ, Part Two, General Commentary, p. 43.

不法性，因而其主体也无须承担国际责任。《国际组织的责任条款草案》第五章专门规定了“解除行为不法性（precluding wrongfulness）的情况”，以作为该草案第3条“国际组织的每一国际不法行为均引起该组织的国际责任”这一首要一般原则的例外。之所以采用“解除”的措辞，因为这些事由并不必然消除国际义务，只是在一定范围内可以免除相应的国际责任。

由于这一章的规定在总体上与《国家责任条款草案》第20条至第27条的规定近似，而国际组织的相关实践又非常有限，因而本书仅针对其中的关键要素和国际组织的特别规定作出阐述，以保证研究体系上的完整性，而不求面面俱到。

（1）同意（consent）。一国或一国际组织以有效方式表示同意另一国际组织实施某项特定行为时，则对于该国或前一国际组织而言，该特定行为的不法性即告解除，但以该行为不逾越该项同意的范围为限。〔1〕

该条款反映了有关同意的基本国际法原则，〔2〕类似于侵权行为法上的“受害人同意”这项制度。行为接收方对于该行为的有效同意可以免除作出行为方对此产生的国际责任，但并不影响作为该行为依据的国际义务的存在。同意是否“有效”，则应依据一般国际法和国际组织的规则具体认定，并应考虑到草案所规定的“强行法”。根据该条款，一国可以同意联合国安理会设立的调查委员会在其领土内展开调查，也可以同意国际组织派遣观察团观察、监督其国内的选举过程等等。

（2）自卫（self-defencc）。国际组织的行为只要构成国际法

〔1〕《国际组织的责任条款草案》第20条。

〔2〕See “Draft Articles on the Responsibility of States for Internationally Wrongful Acts”, with Commentaries, *Yearbook of the International Law Commission*, 2001, vol. Ⅱ, Part Two, p. 72.

上的合法自卫措施，该行为的不法性即告解除。[1]

对于国家而言，合法的自卫是国际法上禁止使用武力原则的例外，关于其具体的合法性要素问题，应留待一般国际法中的初级规则去解决，包括前提条件、比例原则、附随义务等等。根据《联合国宪章》第51条的规定，联合国任何会员国受到武力攻击时，在安理会采取必要办法，以维持国际和平与安全以前，可以行使单独或集体自卫之自然权利，会员国因行使自卫权而采取的办法，应立即向安理会报告，并不得影响安理会按照宪章随时采取必要行动的权责。

由于国际组织职能的有限性，该条款其实仅仅可以适用于管理着某些领土或拥有武装力量等少数的国际组织，如联合国。

(3) 反措施（countermeasures）。国际组织违反其对一国或另一国际组织的国际义务的行为，如构成根据国际法（包括《国际组织的责任条款草案》第四部分第二章）中所规定的实质性和程序性条件，而对另一国际组织采取的反措施，该行为的不法性即告解除。[2]但是，国际组织对作为其成员的责任国或责任国际组织采取反措施，还需要满足草案规定的其他一些条件。本书将在有关“责任的履行”部分详细阐述有关反措施的构成与适用问题，尤其是国际组织与其成员间适用反措施的具体问题。

(4) 不可抗力（force majeure）。国际组织违反其国际义务的行为如起因于不可抗力，即起因于该组织无法控制的不可抗拒的力量或无法预料的事件，以致该组织在这种情况下实际上不可能履行义务，该行为的不法性即告解除。但是，不可抗力的情况是由援引该情况的组织的行为单独导致或与其他因素一

---

〔1〕《国际组织的责任条款草案》第21条。

〔2〕《国际组织的责任条款草案》第22条。

并导致，或者该组织已承担发生这种情况的风险，在这两种情况下，不可抗力条款不适用。[1]

在许多国际组织缔结的协定中都可以见到关于不可抗力的条款，联合国开发计划署与世界卫生组织缔结的一项执行机构协定中规定，如果出现不可抗力或其他类似情况，使得执行机构无法成功执行某个项目，该机构应立即将所发生的情况通知开发计划署，并可以经过协商，撤出项目的执行工作。[2]也有国际组织在国际行政法庭上援引不可抗力作为解除不法行为的理由，在关于"Torres 等人诉美洲国家组织秘书长案"的第 24 号判决中，该组织的行政法庭认为，该案中并不存在任何导致秘书长无法履行所涉及的合同的不可抗力情况。[3]显然，国际行政法庭承认可以援引不可抗力作为无法履行合同的事由。

（5）危难（distress）。对于国际组织违反其国际义务的行为，如果有关行为人在遭遇危难的情况下，除此行为外，别无其他合理方法来挽救其生命或受其监护的其他人的生命，则该行为的不法性即告解除。但是，危难情况是由援引该情况的组织的行为单独导致或与其他因素一并导致，或者所涉行为很可能导致程度相当或更大的危险，在这两种情况下，不适用危难条款。[4]

在国际实践中，该条款主要涉及飞机或船舶在恶劣天气、发生机械或航行故障等情况下，未经允许进入外国领空或领水的情况。1975 年 12 月，英国军舰未经允许进入了冰岛的领水，英国政府声称这一行为的目的是为了躲避恶劣天气，因为根据

---

〔1〕《国际组织的责任条款草案》第 23 条。

〔2〕 See "United Nations", *Treaty Series*, Vol. 1691, p. 331.

〔3〕 See "the Judgment Issued on 16 November 1976", *International Administrative Tribunals*, para. 3.

〔4〕《国际组织的责任条款草案》第 24 条。

习惯国际法，它们有权这样做；冰岛方面认为英国的行为目的在于挑起事端，但并未对英国政府的上述理由提出异议。

当然，危难情况并不限于上述实践，但应围绕着避免生命危险的条件，而不能扩大到一般的紧急情况（general cases of emergencies），后者属于下一条款所规定的“危急情况”。

（6）危急情况（necessity）。国际组织只有同时满足两个条件的情况下，才可以援引危急情况作为理由来解除该组织违反其国际义务的行为的不法性：该行为是该组织按照国际法有责任保护其成员国或整个国际社会的根本利益时，为保障该利益免遭严重迫切危险而可采取的唯一办法，并且没有严重损害该组织对其承担国际义务的一国或多国的根本利益，或者整个国际社会的根本利益。但是，如果有关的国际义务排除了援引危急情况的可能性，或者该组织促成了该危急情况，则该组织无论如何都不得援引危急情况作为解除不法性的理由。[1]

由于援引危急情况可能有损于国际义务的履行，对于国际组织而言，可以援引危急情况的情形似乎也很少，因而在审议《国际组织的责任条款草案》时，联合国法律委员会和国际法委员会都曾出现过截然对立的两派观点：一种是完全赞成将《国家责任条款草案》中的规定适用于国际组织，另一种观点则认为应完全排除国际组织援引危急情况的可能性。最终，草案采取了较为折衷的方案，即一方面将国际组织援引危急情况的条件局限在保护其成员及整个国际社会的根本利益之中，并且根据国际法，国际组织只能在有责任保护这些利益的限度内援引危急情况；另一方面，援引危急情况不得损害国际义务指向的国家或整个国际社会的根本利益，从而保证援引危急情况时，

---

〔1〕《国际组织的责任条款草案》第25条。

国际组织与相关国家或国际社会根本利益的一致性。

最后，《国际组织的责任条款草案》规定了援引解除不法性事由的法律后果。一方面，对于国际组织违反了一般国际法强制性规范（peremptory norm of general international law），也即强行法（Jus Cogens）所产生的义务的任何行为，上述任何规定均不解除其不法性。[1]根据《维也纳条约法公约》第53条的规定，一般国际法强制性规范是指“国家之国际社会全体接受并公认为不许损抑，且仅有以后具有同等性质之一般国际法规律始得更改之规律”。可见，“强制性”是上述规范最明显的特征，因此条约在缔结时与其抵触则无效，国际组织也不得援引免责事由来规避承担强行法上的国际责任。《国际组织的责任条款草案》第三章还规定了“严重违反一般国际法强制性规范的义务”的规范，本书在后文中将详细讨论强行法与国际组织的责任问题。

另一方面，国际组织根据上述规定，援引解除行为不法性的情况将产生如下后果：不妨碍在解除行为不法性的情况不再存在时遵守该项义务，以及对该行为所造成的任何物质损失的补偿问题。[2]这一条款说明了解除不法性事由的时效性，无论是在时效中还是在时效过后，它并不消除国际义务的存在，时效过后仍应遵守国际义务，并不影响对解除不法性行为所造成的任何物质损失的补偿问题，因此尽管援引免责事由解除了不法性，但作出行为的国际组织仍然承担了一定的“物质补偿”的国际责任。

---

〔1〕《国际组织的责任条款草案》第26条。

〔2〕《国际组织的责任条款草案》第27条。

4.2 成员对国际组织的法律责任

4.2.1 责任的范围

由于国际组织的大多数成员仍然是国家，尽管国际法也对国际组织的法律人格进行了“独立化”的拟制，但在组织形式和决策机制、实体与意志两大方面，成员与国际组织或多或少存在着千丝万缕的联系，甚至会出现不同程度的混同现象，这对于国际责任的承担无疑会产生重要的影响。

因此，在一些特殊的情形下，成员国可以通过国际组织，间接甚至是直接地实施不法行为。在这一过程中，国际组织仅仅充当了一种“幌子”的角色，在少数极端的情形下则完全充当了成员国的“工具”。为此，尽管不法行为在表面上归于国际组织，但其处于“幕后”的成员国必须对该国际组织的行为承担责任。这也就涉及国际组织成员国对第三方的国际责任问题。

对此，《国际组织的责任条款草案》第五部分“国家对国际组织的行为的责任”作出了专门的规定，这也填补了《国家责任条款草案》第57条所留下的空白，后者规定“本条款不影响一国际组织依国际法承担的，或任何国家对一国际组织的行为的责任的任何问题”。正因为与《国家责任条款草案》有关条款的联系，《国际组织的责任条款草案》第五部分没有也没有必要规定所有可能影响国家对国际组织行为的责任问题，而只是规定了这一问题的几种典型的类型。至于其他问题，如行为的归属、对于国际义务的违反等等，则仍然应当结合两个条款草案的相关规定作出认定。此外，《国际组织的责任条款草案》第五部分的规定既适用于国际组织的成员国，也可以适用于非成员的国家，后文将结合条款具体阐述。

在《国际组织的责任条款草案》第五部分规定的五个条文中，前三种情形“援助或协助”“指挥和控制”以及“胁迫”与草案第四章规定的“国际组织对国家或另一国际组织行为的责任”前三种情形相类似，有关条款中的关键要素和适用条件也大致相同。本书在前文中已对此进行了详细的阐述，此处仅作一些必要的补充。

（1）国家援助或协助（aid or assistance）国际组织实施国际不法行为。在下列情况下，援助或协助国际组织实施国际不法行为的国家应对援助或协助的行为负国际责任：该国这样做时知道该国际不法行为的情况，而且该行为若由该国实施会构成国际不法行为。但是，国际组织的国家成员按照该组织的规则实施的行为则不负本条规定的国际责任。[1]

一些国际条约可能规定了当事国的初级义务，国家便有可能通过援助或协助国际组织的方式，帮助其规避该项初级义务的约束。例如，根据《不扩散核武器条约》的有关规定，拥有核武器的当事国应避免协助非核武器拥有国获得核武器，这同样适用于禁止为一些国际组织提供此类协助，否则便是背离了核不扩散的宗旨和原则。

无论实施援助或协助国际组织的国家是否是前者的成员，只要符合该条第1款中的两个条件，其规定均可以对其适用。但是，该条款也特别考虑到了成员国援助或协助国际组织的情形，因而设立了第2款，旨在维护国际组织规则在其内部关系上的效力以及以此开展的内部活动。这样的特别规定可能会给本条款的具体适用带来认定上的困难，联合国国际法委员会认为此时起决定性作用的可能是一些事实性背景（factual context），如

〔1〕《国际组织的责任条款草案》第58条。

成员数量（size of membership）、介入行动的性质（nature of the involvement）等。[1]另外，即使按照该条第2款的规定，成员国无须承担国际责任，但它仍可能因国际义务涵盖到国际组织的内部行动，而根据《国家责任条款草案》的有关规定承担相应的国家责任。因此，实施援助或协助的成员国应当综合考虑上述国际义务带来的成本。

（2）指挥和控制（direction and control）国际组织实施国际不法行为。在下列情况下，指挥和控制国际组织实施国际不法行为的国家应对该行为负国际责任：该国这样做时知道该国际不法行为的情况，而且该行为若由该国实施会构成国际不法行为。但是，国际组织的国家成员按照该组织的规则实施的行为可不负本条规定的国际责任。[2]

这一条款中，“指挥”和“控制”行为的界定问题与《国际组织的责任条款草案》第四章规定的“国际组织对国家或另一国际组织行为的责任”相似；而具体的适用问题，包括与国际组织成员国的内部行为的协调问题，又与上一条款基本相同。

（3）国家胁迫（coercion）国际组织。在下列情况下，胁迫国际组织实施国际不法行为的国家应对该行为负国际责任：该行为在没有胁迫的情况下，构成被胁迫的国际组织的国际不法行为，而且该胁迫国这样做时知道该行为的情况。[3]

这一条款基本思路与《国际组织的责任条款草案》第16条一国际组织胁迫另一国际组织的处理思路一致，即使是在没有胁迫的情况下，不法行为也构成被胁迫的国际组织的不法行为。

---

〔1〕 See “Draft Articles on the Responsibility of International Organizations”, with Commentaries, *Yearbook of the International Law Commission*, 2011, vol. Ⅱ, Part Two, General Commentary, p. 91.

〔2〕《国际组织的责任条款草案》第59条。

〔3〕《国际组织的责任条款草案》第60条。

另外，本条款没有设立处理成员国依据国际组织规则实施胁迫行为的特别条款，国际法委员会认为发生这种情形的可能性非常小。[1]但是，《国际组织的责任条款草案》没有明确排除该条款对于国际组织成员国的适用，也不应当假定成员国的胁迫行为就一定构成不法行为。

（4）国际组织成员国规避国际义务（circumvention of international obligations）。国际组织成员国若为规避国际义务而利用该组织对于该国某一国际义务事项所具有的职权，促使该组织实施若由该国实施即构成违反该义务的行为，即产生国际责任。无论该行为是否构成该国际组织的国际不法行为，上述规定均适用。[2]

这一条款与《国际组织的责任条款草案》第 17 条规定了国际组织通过授权其成员以规避国际义务的逆向情形，主要包括这样几个要件：

首先，“为规避国际义务”是国际组织成员国的主观要件，即行为具有一定的目的性，并且是明知的情况，而排除了一种“无意”行为，后者并不承担本条款产生的国际责任。这与该草案第 17 条中“规避”一词的法律内涵基本相同。联合国国际法委员会认为，这里的“规避”（circumvention）行为比较宽泛，也包括一些特殊情形，如滥用权利（abuse of rights），成员国对此应当根据相应的一般国际法原则（general principle of international law）对国际组织的义务承担责任。[3]但是，也不仅仅局

---

〔1〕 See “Draft Articles on the Responsibility of International Organizations”, with Commentaries, *Yearbook of the International Law Commission*, 2011, vol. Ⅱ, Part Two, General Commentary, p. 93.

〔2〕《国际组织的责任条款草案》第 61 条。

〔3〕 “The Legal Consequences for Member States of the Non-fulfilment by International Organizations of their Obligations toward Third Parties”, *Session of Lisbonne*, 1995, Article 5（b）.

限于此。因此，从另一方面来看，该条款中的“规避”一词的法律内涵并不十分明确，这会给该条款在实践中的适用带来困难，因为就联合国国际法委员会的“消极”解释而言，尚不足以明确怎样的授权及利用国际组织职权的行为构成一种“规避”。

例如，联合国的会员国通过《联合国宪章》将包括采用集体安全措施在内的，维持国际和平与安全的广泛的职权授予了联合国安理会，在“规避”法律内涵情况下，当安理会采取一些行动时，联合国会员国便存在为此承担该条款项下的国际责任的风险。根据《联合国宪章》的规定，只有联合国有权采取集体安全措施，会员国单方面采取行动并不合法。很显然，该条款的规定在一定程度上不利于联合国安理会独立地实施其职权，甚至可能阻碍新的国际组织的产生以及成员国向国际组织授权新的职权。〔1〕

其实，在特别报告员加亚先生的第4份报告中，对于该条款并没有直接采用“规避”一词，而是使用了“试图避免遵守”(seek to avoid complying with) 国际义务的表述，〔2〕以描述一种成员国试图绕过、避开其国际义务的行为。从法律内涵的明确性角度看，原先条款的表述对于行为的具体描述，似乎更有利

〔1〕 See “Niels M. Blokker, Preparing Articles on Responsibility of International Organizations: Does the International Law Commission Take International Organizations Seriously? A Mid-term Review”, *In Research Handbook on the Law of International Organizations*, edited by Jan Klabbers and Asa Wallendahl, Edward Elgar 2011, p. 329.

〔2〕 该报告中，该条款对应的是第60条第1款，其原文为：A state member of an international organization incurs international responsibility if it seeks to avoid complying with one of its own international obligations by taking advantage of the fact that the organization has competence in relation to the subject matter of that obligation, thereby prompting the organization to commit an act that, if committed by the state, would have constituted a breach of the obligation.

于该条款在实践中的适用。

其次，“利用（by taking advantage of）该组织对于该国某一国际义务事项所具有的职权”构成客观方面的要件，涉及成员国的具体行为方式。与特别报告员原先所拟条款相比，现有条款摒弃了“为该组织提供职权”（by providing the organization with competence）的表述，[1]改用“利用……所具有的职权”的措辞，意在更加注重利用国际组织职权的状态，而不是提供职权的这一过程，后者可能导致本条款在适用上的偏差。就成员国让渡主权于国际组织的行为本身而言，无从判断其违法性，而只能结合成员国的规避意图和利用行为在日后作出判断。

国际组织依一定的宗旨和目的而建立，享有和承担一定范围内的职权和责任，这些职权一般由其成员通过国际组织的宪章性文件授予，授予的职权因此让渡于国际组织。相应的，国际组织也因此获得了上述事项范围内带有“国际性”的职权，而与这些职权相对应的便是其成员国的国际义务，因而这些成员国可能利用“该组织对于该国某一国际义务事项所具有的职权”，以规避有关国际义务。欧洲人权法院的一些案例表明，成员国向国际组织让渡职权，而未能确保遵守《欧洲人权公约》所规定的义务，对此应当承担国际责任。在“Waite and Kennedy v. Germany 案”中，欧洲人权法院认为，各国建立国际组织以谋求或加强一些领域内的合作，并将一些权限及豁免权授予这些国际组织，可能会对《欧洲人权公约》中基本权利的保护产生

〔1〕 原先条款原文为：A state member of an international organization incurs international responsibility if it circumvents one of its international obligations by providing the organization with competence in relation to that obligation, and the organization commits an act that, if committed by that state, would have constituted a breach of that obligation.

影响，但是如果因此而免除缔约国依据该公约承担的又与授权事项相关的国际责任，则与《欧洲人权公约》的宗旨和目的不符。[1]在"Bosphorus Hava Yollary Turizm ve Ticaret Anonim Sirketi v. Ireland案"中，欧洲人权法院重申了上述立场，并进一步认为如果因缔约国职权的转移而免除其相应的义务，则可能导致《欧洲人权公约》条款被任意限制或排除，进而减损其适用性和有效性，因而缔约国应对该公约规定的义务继续承担责任。[2]对于欧洲人权法院的观点，有学者认为它们"虽然属于人权的事项，但援引的原则似乎是普遍适用的"。[3]

最后，在不法性要件方面，该条款要求国际组织实施若由其成员国实施即构成违反该义务的行为，即产生国际责任。因此，国际组织所实施的不法行为必须违反成员国的国际义务，但并不要求该行为构成该国际组织的国际不法行为。很显然，当约束成员国的国际义务并不约束国际组织时，成员国利用国际组织规避国际义务的情况更容易发生。相反，如果一项国际义务同时对国际组织和成员国都具有约束力，国际组织对此承担国际责任，也并不必然免除成员国的责任。因此，存在一定的可能性，即成员国的同一行为同时触犯该条款与《国际组织的责任条款草案》第58、59条和第60条的规定，只要满足其中任何一条的条件。

（5）国际组织成员国对该组织国际不法行为的责任。在下

---

〔1〕 See "Judgment of 18 February 1999", *ECHR Reports*, 1999-Ⅰ, p.410, para.67.

〔2〕 See "Judgment of 30 June 2005", *ECHR Reports*, 2005-Ⅵ, pp.157~158, para.154.

〔3〕 I. Brownlie, "The Responsibility of States for the Acts of International Organizations", in *International Responsibility Today: Essays in Memory of Oscar Schachter*, edited by Maurizio Ragazzi, Martinus Nijhoff Publisher 2005, p.361.

列情况下，国际组织成员国应对该组织的国际不法行为负责：成员国已接受该行为引起的对受害方的责任，或者成员国已导致受害方认定它将承担责任。按照上述规定产生的国家的国际责任应推定为次要责任。[1]

对于国际组织成员国对第三方的国际责任问题，在有关的国际法案例和学说中都颇有争议。至少从成文法规则的角度来看，上述条款是联合国国际法委员会在该领域内的一项创新，尽管之前也存在一些理论上的基础。

许多国家都认为成员国一般不应为其所属国际组织的不法行为承担国际责任。例如，德国政府在书面意见中指出，它已经在欧洲人权委员会、欧洲人权法院以及国际法院的有关案件中，始终主张成员国与国际组织应区分责任，并拒绝因自身的成员国身份，为欧洲共同体、北约组织以及联合国的行为负责。[2]在涉及私人合同的国际锡业理事会（ITC）案件中，英国上诉法院克尔勋爵认为，他未能"找到任何根据可以断定：已经显示国际法有任何国际锡业理事会成员国，因该理事会以自身名义签订合同所引起的债务，而对该理事会的债权人承担赔偿责任，更不必说连带责任"。[3]对于"除非建立该国际组织的条约明确否认成员国应承担任何责任，该国际组织如不偿付其债务，其成员国应对此债务承担连带责任"的观点，英国上院的坦普尔曼勋爵认为，没有任何可信的证据表明，在1982年签订《第六次国际锡业协定》（即建立国际锡业理事会的条

---

〔1〕《国际组织的责任条款草案》第62条。

〔2〕A/CN. 4/556, sect. O.

〔3〕Judgment of 27 April 1988, "Maclaine Watson & Co. Ltd. v. Department of Trade and Industry"; "J. H. Rayner (Mincing Lane) Ltd. v. Department of Trade and Industry and Others", ILR, Vol. 80, p. 109.

约）之时或前后，已经存在这样一项国际法规则。[1]此外，国际法研究院在《第三方义务对成员国的法律后果》的决议中认为，除《决议》第5条的明确规定，并没有一般国际法规则要求成员国仅仅因为成员地位，而对国际组织的义务承担连带（concurrently）或补充（subsidiarily）责任。[2]

因此，在特别报告员第2份补充报告至第4份报告中，都为上述条款设立了一个消极的一般规则（a negative general rule），即规定成员国不因国际组织的国际不法行为而承担责任，除非出现上述两种特定的情形。但是，国际法委员会在审议该条款时，将其修改成了现在的表述。原有条款中的一般规则"更好地反映出国际组织的特定性质。它也更好地保护了国际组织的自治权，作为一个一般规则，它明确地宣称除两种特定情形之外，不存在成员国的次级责任"。[3]显然，当成员国意识到可能为国际组织的违约或侵权行为承担潜在的国际责任时，它们在必要时可能对国际组织的决策作出实质上的干涉，从而有损于国际组织独立的法律人格。

但是，上述案例与学说阐述的仅仅是一般情形，在一些特

---

〔1〕 Judgment of 26 October 1989, "Australia & New Zealand Banking Group Ltd. and Others v. Commonwealth of Australia and 23 Others"; "Amalgamated Metal Trading Ltd. and Others v. Department of Trade and Industry and Others"; "Maclaine Watson & Co. Ltd. v. Department of Trade and Industry"; "Maclaine Watson & Co. Ltd. v. International Tin Council", ILM, vol. 29 (1990), p. 675.

〔2〕 "The Legal Consequences for Member States of the Non-fulfilment by International Organizations of their Obligations toward Third Parties", *Session of Lisbonne*, 1995, Article 6 (a).

〔3〕 Niels M. Blokker, "Preparing Articles on Responsibility of International Organizations: Does the International Law Commission Take International Organizations Seriously? A Mid-term Review", In *Research Handbook on the Law of International Organizations*, edited by Jan Klabbers and Asa Wallendahl, Edward Elgar 2011, p. 330.

殊的情况下，成员国为国际组织承担第三方责任在理论和实践上都是存在一定根据的。其中，争议最少的就属《国际组织的责任条款草案》第 62 条规定的“成员国已接受该行为引起的对受害方的责任”与“成员国已导致受害方认定它将承担责任”两种情形。

《国际组织的责任条款草案》第 62 条第 1 款第 1 项规定的是成员国同意接受国际责任的情形。条款中之所以没有仅仅使用“同意”，而是使用了“接受”（accept）的表述，意味着成员国应当受到该同意的约束，“同意”也就产生了法律约束力。本条款的整体表述比较宽泛，也没有具体规定“接受”的时间和方式，可以认为“接受”可以是明示或默示的，可以在国际责任产生之前或之后予以表示。成员国的接受必须是“对受害方”的责任，强调了此处接受责任所指向的对象应当是特定的第三方，而不能是宽泛的表示接受的承诺。包括在建立国际组织的宪章性文件中表示接受的情形，由于表示该意思时尚无法确定特定的受害方，有可能仅仅表示成员国对国际组织承担内部责任，或者为该内部事项提供必要的财政资源。因此，只有在成员国同意接受对于特定第三方的责任的条件下，它与后者在法律关系上才能产生特定的效果。这与《维也纳条约法公约》第 36 条为第三国规定权利的原则相一致。[1]

《国际组织的责任条款草案》第 62 条第 1 款第 2 项规定的是受害方因信赖认定成员国将承担责任的情形，包括最典型的一种情况，当国际组织无力承担赔偿费用时，有理由信赖其成

---

〔1〕《维也纳条约法公约》第 36 条第 1 款规定：“如条约当事国有意以条约之一项规定对一第三国或其所属一组国家或所有国家给予一项权利，而该第三国对此表示同意，则该第三国即因此项规定而享有该项权利。该第三国倘无相反之表示，应推定其表示同意，但条约另有规定者不在此限。”

员国为其提供资金。在"Westland Helicopters and AOI 仲裁案"中，仲裁庭认为，该案的特殊情况使得与该组织缔约的第三方相信，该组织有成员国的一贯支持，因而有能力履行约定的承诺。这样的情形便可能导致成员国对第三方的外部责任。第三方的"信赖"并不一定基于成员国具有法律约束力的默示的接受（implied acceptance），也可能产生于一些不能作为表达的具有法律约束力意图的因素，其中最相关的因素便是较少的成员数量，但也要结合其他相关的因素予以综合考虑。因此，显然不能作出事先的判断，认为第三方"应当能够"（should be able to）依赖于成员国的责任。[1]

《国际组织的责任条款草案》第 62 条第 1 款均使用了"受害方"（injured party）的表述，暗示其内容不仅包括国家和国际组织，也应当涵盖个人、实体等其他国际法的主体。成员国根据本条款可能承担连带责任或次要责任，这里草案假定成员国接受的是具有补充性质的次要责任，也就是一种补充责任，只有当国际组织自身的能力不能或不足以承担责任时，受害方才有权根据本条款向其成员国援引国际责任。本条款规定了可以援引成员国责任的积极条件，而没有关于排除成员国责任的规定，但可以确定的是，即使是在国际组织的规则中有所规定，也仅仅是对特定受害方"接受"和"被信赖"的成员国承担相应的责任，而与该国际组织的其他成员国无关，不存在致使所有成员承担连带责任的推定条件。

最后，值得注意的是，《国际组织的责任条款草案》上述第五部分的所有规定，均不妨碍实施有关行为的国际组织或任何

[1] "Draft Articles on the Responsibility of International Organizations", with Commentaries, *Yearbook of the International Law Commission*, 2011, vol. Ⅱ, Part Two, General Commentary, p. 98.

国家或其他国际组织的国际责任。

4.2.2 国际组织的“揭开面纱”制度

联合国国际法委员会二读通过的《国际组织的责任条款草案》中，第17、40、61~62条这几个条款，分别从不同的角度处理了国际组织与其成员在责任划分方面的关系，本书已经对这些条款本身进行了详细的阐述。此处的重点在于，上述初步形成了关于国际组织“揭开面纱”（piercing the veil）制度的基础规则与制度框架。

国际组织“揭开面纱”制度的基本内涵就是：一方面，国际组织不应通过对其成员作出具有约束力的决定或授权，导致后者作出国际不法行为（对于国际组织而言），从而规避国际责任的承担；另一方面，国际组织的成员也不应利用让渡于国际组织的有关职权，导致后者作出国际不法行为（对于国际组织的成员而言），从而规避国际责任的承担。在上述两类情况下，法律规则都将“揭开”规避者的“面纱”，直接要求“面纱”背后的行为主体，承担相应的国际责任。

国际组织的“揭开面纱”制度起源于国内法上公司的“揭开面纱”制度。公司是独立的法律主体，具有法律拟制的人格，从而能够独立地承担法律责任，而公司股东仅以出资为限对公司承担有限责任。但是，在一些特定的情况下，公司的独立法律人格可能遭到否认，突破公司的这层“面纱”，使公司股东对公司的债务直接承担责任，这就是公司的“揭开面纱”制度原理。该制度原为英美普通法所固有，后因有利于保护公司债权人的权利，而相继为大陆法系国家的公司法所借鉴和引进，中国的《公司法》也引进了这一制度。中国现行《公司法》第20条规定：“公司股东应当遵守法律、行政法规和公司章程，依法行使股东权利，不得滥用股东权利损害公司或者其他股东的利益；不得滥用公司法人独立地位和股东有限责任损害公司债权人的利益。公司股东滥用股东权利给公司或者其他股东造成损失的，应当依法承担赔偿责任。公司股东滥用公司法人独立地位和股东有限责任，逃避债务，严重损害公司债权人利益的，应当对公司债务承担连带责任。”可见，公司“面纱”一经揭开，公司便不再享有独立人格，公司人格为公司股东人格所吸收，合二为一。因此，公司“揭开面纱”制度是对公司独立人格的否定，是对公司独立人格和股东有限责任的一种修正，是对公司股东滥用有限责任的一种矫正。〔1〕

可见，所谓的“揭开面纱”，首先必须有“面纱”的存在，而这里的“面纱”正是国际组织的法律人格。正因为国际组织法律人格的有限性，无论是其本身还是其成员的滥用，都将承担不利的法律后果。然而，“揭开面纱”制度本身其实也是国际组织法律人格理论的一个悖论。由于执行职权方面的需要，法律拟制了国际组织的独立法律人格，但又在一些特殊条件下，要求“揭开”其法律人格的“面纱”，这多少有损于其法律人格的“独立性”。对此，除了借用逻辑哲学上的“一般”与“特殊”或者“原则”与“例外”的关系作出解释之外，并无更加完美的解答。更何况，独立的法律人格乃是国际组织的实质性要件，“揭开面纱”之后的国际组织难免会面临存在的危机。可见，就此而言，法律本身也是用心良苦，不得已而为之。这也从反面说明，适用国际组织的“揭开面纱”制度，应保持极大的谦抑性和谨慎性，该制度应当充当一种消极的“安全阀”的角色。

〔1〕 参见施天涛：《商法学》，法律出版社 2010 年版，第 133~134 页。

需要注意的是，《国际组织的责任条款草案》在处理有关“规避”和“滥用职权”的行为时，并没有认定这些行为本身的效力问题，即没有像国际私法那样直接认定规避行为的无效，而是规定了规避行为的法律后果，这恐怕还是因为国际组织责任法的“次级”性质所决定的。

《国际组织的责任条款草案》设立上述规则并将国际组织“揭开面纱”制度成文化，无疑具有开创意义。这也是国际组织的责任制度不应完全比照适用国家责任制度的又一例证。鉴于国际组织与其成员之间的关系是国际组织的核心问题之一，因而这一主题出现在条款草案中并不令人惊讶，联合国国际法委员会真诚地试图为国际组织创设新的条款。[1]但是，这些新的规则和制度在具体实践中能否得到有效的适用和实施，仍然需要更加充分的国际组织案例来证明。

4.3 强行法与国际组织的法律责任

4.3.1 强行法与国际组织法律责任的解除

《国际组织的责任条款草案》明确规定了强行法与国际组织援引解除不法性事由之间的法律关系，对于国际组织违反一般国际法强制性规范（peremptory norm of general international law）也即强行法（Jus Cogens）所产生的义务的任何行为，该草案第五章第20~25条关于“解除行为不法性的情况”的任何规定均

〔1〕 See Niels M. Blokker, “Preparing Articles on Responsibility of International Organizations: Does the International Law Commission Take International Organizations Seriously? A Mid-term Review”, In *Research Handbook on the Law of International Organizations*, edited by Jan Klabbers and Asa Wallendahl, Edward Elgar 2011, pp. 331~332.

不解除其不法性。[1]

所谓的“强行法”是相对于“任意法”而言的，最初是一个国内法上的概念。“任意法”指的是那些纯粹属于当事人意思自治范畴的规范，当事人有权以合意、契约等方式选择适用或不适用这些规范，即如果当事人另有约定的，依其约定；没有约定的，则依据法律的规定。与此相对，“强行法”指代的就是那些当事人无权选择适用或不适用的法律规范，一旦生效即具有普遍约束力，并且与之抵触的“任意法”、契约均归于无效。“强行法”一般涉及国家的重要利益和社会的一般幸福，在大陆法系国家表现为有关公共秩序和善良风俗的法律，在英美法系国家则表现为公共政策。[2]

在国际法上，“强行法”也是为了保障国际社会的根本利益以及国际法的基本价值而创设的，因而具有一种区别于“任意法”的绝对的法律效力。根据《维也纳条约法公约》第53条的规定，一般国际法强制性规范是指“国家之国际社会全体接受并公认为不许损抑，且仅有以后具有同等性质之一般国际法规律始得更改之规律”。[3]可见，“不许损抑”的强制性是上述规范最明显的特征之一，即当事国无权通过缔结条约等方式排除上述规范的适用。因此，条约在缔结时若与其抵触则无效，[4]而遇有新的一般国际法强制规律产生时，任何现有条约与该项

---

〔1〕《国际组织的责任条款草案》第26条。

〔2〕参见李浩培：《条约法概论》，法律出版社2003年版，第238~239页。

〔3〕需要指出的是，从联合国国际法委员会编纂审议条约法条款草案的过程记录可以看出，关于强行法的这一表述并不是一个普遍意义上的法律概念，该条款也在上述表述之前加上了“就适用本公约而言”的限定。但是，这一表述无疑为阐明强行法的具体内涵与特征提供了基础。

〔4〕《维也纳条约法公约》第53条。

规律抵触者即成为无效而终止。[1]

既然强行法具有不可排除适用的绝对效力，那么因违反强行法所导致的国际责任也因此而不得予以免除，否则“无责任则无法”，免责条款的援引难免会成为规避强行法上的国际责任的借口，强行法的效力也会因责任的无法落实而落空。这对于作为国际法主体的国家和国际组织而言均是如此。[2]因此，国际组织也不得援引《国际组织的责任条款草案》第五章第20~25条关于“解除行为不法性的情况”的任何免责事由，来规避承担强行法上的国际责任。可以认为，强行法上的国际责任的不可免除性，与条约和强行法之间的效力关系一样，都是强行法本质属性所产生的必然的逻辑结果。

至于哪些规范属于强行法，则是初级规则范围内的问题，在理论和实践中也存在一定的争议，[3]“这样一类的强行法规则的出现是较近的发展，而且对于哪些规则具有这样的性质也没有一致的意见……”[4]但是，这一问题的答案正在不断地明朗起来，有些规范现在已得到国际社会的公认，构成强行法上的规范。“已经被明确接受和承认的强制性规范包括禁止侵略、灭绝种族、奴役、种族歧视、危害人类罪、酷刑以及承认自决权。”[5]“一个广泛接受的事例是禁止违反《联合国宪章》以武

---

〔1〕《维也纳条约法公约》第64条。

〔2〕《国家责任条款草案》第26条规定：“一国不符合依一般国际法强制性规范所产生义务的任何行为，不得以本章中的任何内容作为理由而解除其不法性。”

〔3〕参见李浩培：“强行法与国际法”，载中国国际法学会主编：《中国国际法年刊》，中国对外翻译出版公司1982年版，第40~41页；张潇剑：《国际强行法论》，北京大学出版社1995年版，第51~59页。

〔4〕［英］詹宁斯、瓦茨修订：《奥本海国际法》（第1卷第2分册），王铁崖等译，中国大百科全书出版社1995年版，第672页。

〔5〕“Draft Articles on the Responsibility of States for Internationally Wrongful Acts”, with Commentaries, *Yearbook of the International Law Commission*, 2001, vol. Ⅱ, Part Two, p. 85.

力威胁或使用武力的规则。”[1]联合国国际法委员会在编纂审议条约法条款草案时，曾试图通过列举法来阐明属于强行法的规范，特别报告员沃尔多克曾对此列举如下：违反《联合国宪章》的原则而使用武力或以武力相威胁；国际法定性为国际犯罪的任何作为或不作为；国际法要求每一国家合作以镇压或惩治的任何作为或不作为。此外，还有一些委员认为关于人权、国家平等、条约必须信守、情势不变、海洋自由以及民族自决的规则也应属于强行法规范。[2]最终，由于国际法委员会对于采用列举法、列举的具体规则等问题未能达成一致意见，该条款草案没有采用列举法。

4.3.2 强行法与国际组织法律责任的内容

鉴于强行法的特殊效力与地位，严重违反强行法可能引起不同于一般国际义务的法律后果。因此，与《国家责任条款草案》相类似，《国际组织的责任条款草案》在其第三部分“国际组织的国际责任的内容”的第三章专门集中规定了“严重违反一般国际法强制性规范的义务”，以突出强行法与国际组织法律责任内容之间更为特殊的关系。就其适用范围而言，该草案第三章适用于国际组织严重违反一般国际法强制性规范规定的义务（serious breaches of obligations under peremptory norms of general international law）的行为所产生的国际责任。[3]

那么究竟怎样的行为才构成对强行法义务的“严重”违反呢？该草案认为，如果此种违反义务行为涉及责任国际组织严

〔1〕［英］詹宁斯、瓦茨修订：《奥本海国际法》（第1卷第2分册），王铁崖等译，中国大百科全书出版社1995年版，第672页。

〔2〕参见李浩培：《条约法概论》，法律出版社2003年版，第244~245页。

〔3〕《国际组织的责任条款草案》第41条第1款。

重地或系统性地（gross or systematic）不履行义务，则构成严重违反义务行为。[1]首先，《国际组织的责任条款草案》中文本将“gross”一词翻译为“严重地”，并不严谨，与条款标题中的“严重违反”有重复定义之嫌；况且英文本中两处的具体措辞并不相同，条款标题中使用的是“serious breach”，而此处的“gross”强调的是其行为的“恶劣性”，翻译为“恶劣”才更加合理。《国际责任条款草案》第40条对于“gross”，便是这样翻译的。其次，该条款中“恶劣地”或“系统性地”分别从行为的程度和方式两个角度界定了其“严重性”。“恶劣地”表明行为的恶性之深、强度之大与影响之坏；“系统性地”则是强调行为的蓄意、有组织有策划地进行。某种行为只要满足上述一个方面的条件，均是严重侵犯了强行法所要保护的基本价值，从而构成严重违反其国际义务的情形。最后，对于许多严重的不法行为而言，“恶劣地”与“系统性地”两个要素是相互联系、同时具备的。例如，种族灭绝的行为，其恶性之深、影响之大都是毫无疑问的，同时其具有蓄意、有组织有策划的特点，也是这一罪行必要的构成要件。总之，可以确定是否构成严重的违反行为的因素包括：违反强行法的意图、具体违反行为的范围和次数以及对于受害人损害结果的严重性等。[2]

值得注意的是，《国际组织的责任条款草案》并没有规定严重违反强行法上的国际义务的认定程序，也没有制定任何的争端解决机制。由于根据《联合国宪章》，国际组织不具有成为联合国会员的资格，但这应该并不妨碍联合国安全理事会对于严

---

〔1〕《国际组织的责任条款草案》第41条第2款。

〔2〕See “Draft Articles on the Responsibility of States for Internationally Wrongful Acts”, with Commentaries, *Yearbook of the International Law Commission*, 2001, vol. Ⅱ, Part Two, p. 113.

重违反强行法上的国际义务，进而威胁、破坏到国际和平与安全的情势。发挥宪章赋予的职责和作用，包括采取非武力和武力的强制措施，以维持和恢复国际和平与安全，但这一般是针对比较极端和个别的情形。例如 1992 年 12 月，联合国安理会通过了第 794 号决议，认定索马里的冲突导致了巨大的人类灾难，从而构成了对国际和平与安全的威胁，安理会决定授权联合国秘书长和有关会员国，使用一切必要手段以尽快为在索马里的人道主义救援行动建立一个安全的环境。20 世纪 90 年代的许多实践表明，当会员国国内出现了诸如灭绝种族等大规模侵犯人权的紧急情势，而其本国政府采取纵容政策或已瘫痪时，联合国安理会完全有可能将该情势认定为构成对国际和平与安全的威胁和破坏。

对于大多数的严重违反强行法上的国际义务的行为而言，可由联合国大会或安全理事会将争议的法律问题提交给国际法院，或者由联合国的其他机关及各种专门机关（包括已经成为联合国专门性机关的国际组织），将其工作范围内有争议的法律问题提交国际法院，后者依据其权限发表咨询意见，以作出具体的认定和建议。有关国家和国际组织再根据咨询意见以及《国际组织的责任条款草案》第 42 条的规定，采取进一步的措施。

严重违反《国际组织的责任条款草案》第三部分第三章规定的义务会产生特定后果。《国际组织的责任条款草案》第 42 条共有三个条款，分别规定了严重违反强行法上国际义务的三个方面的特定后果。

首先，国家和国际组织应进行合作，通过合法手段制止第 41 条含义范围内的任何严重违反义务行为，即“制止行为”的后果。但是，此处的制止行为应采取“合法手段”，而不能以非法手段对付非法行为，更不能违反强行法上的国际义务。先前的不法行为不能成为之后为制止、报复或采取反措施而采取另一个不法行为的理由。正如国际法院在“防止及惩治灭绝种族罪公约适用案”中指出：“绝对不能以一个违约行为作为借口，而采取另一个违约行为。”[1]

其次，任何国家或国际组织均不得承认第41条含义范围内的严重违反义务行为造成的情况为合法，也不得为维持这种现状提供援助或协助。该条款的前半句设定了一种“不承认”的消极义务。《关于各国依联合国宪章建立友好关系和合作的国际法原则宣言》所确立的首要原则便是，各国不应承认任何通过使用武力取得领土的合法性，因为武力取得领土是一种违反强行法的不法行为。1990年，伊拉克武装入侵科威特，并宣布对其“完全和永久兼并”，对此联合国安理会通过了第662号决议，认定其吞并行为无效，并要求所有国家、国际组织不得承认这一吞并，不得采取任何可能解释为承认吞并的任何行为和交往，无论是直接的还是间接的。事实上，伊拉克的入侵行为之后没有得到任何国家的承认。在联合国安理会关于罗得西亚（今津巴布韦）的第216号决议和关于南非班图斯坦的第402号决议中，也都反映了同样的原则和立场。

上述条款的后半句设定了“禁止援助或协助”的消极义务，作为“不承认”义务的逻辑延伸。联合国安理会在关于南非种族隔离问题的第301号决议、第418号决议以及第596号决议，和在关于葡萄牙殖民地问题的第218号决议中，都要求所有国家和国际组织，禁止为其提供援助或协助。

最后，这一部分条款的规定不妨碍《国际组织的责任条款

[1] “Case Concerning Application of the Convention on the Prevention and Punishment of the Crime of Genocide”, Judgment, I. C. J. Reports, 1977, pp. 243, 258.

草案》第三部分“国际组织的国际责任的内容”所指的其他后果，以及该部分第三章适用的违反义务行为可能依国际法引起的进一步后果。这条主要表达了两个方面的内容：一方面，该部分第三章关于“严重违反一般国际法强制性规范的义务”的特别规定，并不妨碍该部分第一章“一般原则”和第二章“赔偿损害”的适用，也就是说包括继续履行、停止和不重犯、损害赔偿在内的所有法律后果，都可能同等地适用于严重违反强行法上国际义务的行为。另一方面，严重违反强行法上的国际义务的行为，还可能依国际法引起“进一步的后果”，具体有哪些“进一步的后果”仍有待国际法的“逐渐发展”，上述条款对此保留了一定的空间。有关《国际组织的责任条款草案》第三部分第一章“一般原则”和第二章“赔偿损害”的具体规则和制度，本书将在后文中详细阐述。

本章小结

相对于“特别法”上的法律责任而言，《国际组织的责任条款草案》所规定的内容具有一般性。本章主要以《国际组织的责任条款草案》的规范为基础，探讨国际组织与其成员间的“一般”法律责任问题，包括：国际组织对其成员的法律责任问题、成员对国际组织的法律责任问题以及强行法与国际组织的法律责任。

首先，当国际组织的成员作为受害方出现时，国际组织对其成员也应承担相应的法律责任。此时，《国际组织的责任条款草案》的规则同样适用，但考虑到国际组织的内部关系等因素，该草案也设立了一些特殊的规定。

就一般性责任的构成而言，国际组织的每一国际不法行为均引起该组织的国际责任，当其作为或不作为满足以下两个条件时即构成国际不法行为：①依据国际法，该行为可归于该组织；②该行为构成对该组织国际义务的违反。

《国际组织的责任条款草案》第四章专门规定了“国际组织对国家或另一国际组织行为的责任”的若干类型。这类行为虽然依据“将行为归于国际组织”的一般归属规则，在形式上无法归属于国际组织，因而如果依据一般性责任的构成要件，该组织并不承担国际责任；但是，由于此类行为的各种特殊性，《国际组织的责任条款草案》参照《国家的责任条款草案》第四章第16~18条的规定，采取了实质重于形式的认定，只要符合具体的要件，相关的国际组织都应对此类行为承担国际责任。只有在这些特定的情形下，国际组织才对另一国际组织或国家的行为承担一种“派生性责任”。其中，《国际组织的责任条款草案》针对国际组织通过向成员发出决定（decisions）和授权（authorizations），而避免承担国际义务的情况，专门设计了一个制度条款。

在一些特殊情形下，国际组织的行为虽然在表面上违反国际义务，但实际上却由于符合国际社会的惯常做法，而不具有不法性，因而其主体也无须承担国际责任。《国际组织的责任条款草案》第五章专门规定了“解除行为不法性（precluding wrongfulness）的情况”。本章针对其中的关键要素和国际组织的特别规定作出了具体阐述。

其次，成员国可以以特殊的方式，通过其所属的国际组织，间接甚至是直接地实施不法行为。在这一过程中，国际组织仅仅充当了一种“幌子”的角色，在少数极端的情形下则完全充当了成员国的“工具”。为此，尽管不法行为在表面上归于国际组织，但其处于“幕后”的成员国必须对该国际组织的行为承担责任。这也就涉及国际组织成员国对第三方的国际责任问题。

对此，《国际组织的责任条款草案》第五部分“国家对国际组织的行为的责任”作出了专门的规定，这也填补了《国家责任条款草案》第57条所留下的空白。

在《国际组织的责任条款草案》第五部分规定的五个条文中，前三种情形“援助或协助”“指挥和控制”以及“胁迫”与该草案第四章规定的“国际组织对国家或另一国际组织行为的责任”前三种情形相类似，有关条款中的关键要素和适用条件也大致相同。

有关“国际组织成员国规避国际义务”和“国际组织成员国对该组织国际不法行为的责任”的规则和制度则是《国际组织的责任条款草案》的又一创新。这两个条款连同该草案第17、40条，分别从不同的角度处理了国际组织与其成员在责任划分方面的关系，初步形成了关于国际组织“揭开面纱”制度的基础规则与制度框架。国际组织“揭开面纱”制度的基本内涵就是：一方面，国际组织不应通过对其成员作出具有约束力的决定或授权，导致后者作出国际不法行为（对于国际组织而言），从而规避国际责任的承担；另一方面，国际组织的成员也不应利用让渡于国际组织的有关职权，导致后者作出国际不法行为（对于国际组织的成员而言），从而规避国际责任的承担。在上述两类情况下，法律规则都将“揭开”规避者的“面纱”，直接要求“面纱”背后的行为主体，承担相应的国际责任。《国际组织的责任条款草案》设立上述规则并将国际组织“揭开面纱”制度成文化，无疑具有开创意义。但是，这些新的规则和制度在具体实践中能否得到有效的适用和实施，仍然需要更加充分的国际组织案例来证明。

最后，《国际组织的责任条款草案》明确规定了强行法与国际组织援引解除不法性事由之间的法律关系，对于国际组织违反一般国际法强制性规范（peremptory norm of general international law），也即强行法（Jus Cogens）所产生的义务的任何行为，该草案第五章第20~25条关于“解除行为不法性的情况”的任何规定均不解除其不法性。

5

国际组织与其成员间法律责任的实施

5.1 责任的援引

5.1.1 一个受害国或国际组织援引责任

一国或一国际组织有权在下列情况下，作为受害国或受害国际组织，援引另一国际组织的责任：①被违反的义务是单独地向该国或该国际组织承担的义务。②被违反的义务是向包括该国或该组织在内的国家集团或国际组织集团，或向整个国际社会承担的义务，而对此义务的违反特别影响到该国或该国际组织，或因其性质，在进一步履行义务方面，根本改变了作为义务对象的所有其他国家和国际组织的地位。

显然，这一条款根据国际组织所违反的国际义务的相对方，而规定了两类不同的情况。如果国际义务直接存在于违反义务的国际组织与受害国或受害国际组织之间，即一种双边义务，那么后者有权直接向前者援引国际责任，这是毫无疑问的。因伊拉克非法入侵和占领科威特的不法行为导致了一些国家和国际组织遭受损害，为此设立的联合国求偿委员会经过调查审议，支持了阿拉伯规划协会、阿拉伯国家间投资担保公司、阿拉伯经济和社会发展基金会等国际组织的索赔诉求。

该条款（b）款规定了另一类情况，涉及多边义务的履行，又可以分为两种情况。其一，对于“对此义务的违反特别影响到该国或该国际组织”的情况，例如，因国际组织的行为违反了有关防止公海环境污染方面的条约义务，而特别影响到了公海周边的某一沿岸国。其二，对于“因义务性质根本改变了其他义务对象进一步履行该义务”的情况，例如，在有关裁军条约中，每一个缔约方履行义务的情况一般以其他缔约方的履行作为条件，因而当其中一个缔约方违反其义务而导致该条约义务无法继续履行时，其他每一个缔约方均有权向责任方援引其国际责任。当然，在目前的国际实践中，这两类情况对于国家当事方发生的可能性较大，但也没有任何明显的理由完全排除发生于国际组织的可能性。

在援引国际责任的程序方面，援引另一国际组织责任的受害国或国际组织应将其求偿的要求通知该组织。受害国或国际组织可以具体指明：如果不法行为仍在继续，责任国际组织为停止该不法行为而应采取的行动；根据《国际组织的责任条款》第三部分的规定应采取哪种赔偿方式，但这种选择对于责任国际组织而言并不具有必须履行的约束力。有关赔偿的具体方式，本书将在下一节予以详细阐述。

但是，在一些情况下，对于国际组织责任的援引需要满足一定的条件，从而会影响到该援引的可受理性。《国际组织的责任条款草案》规定了在两类情况下，受害国或受害国际组织援引的国际组织责任不具有可受理性。具体包括：

（1）与国籍规则不符。如求偿要求的提出不符合应适用的国籍规则，受害国不得援引国际组织的责任。这一条款主要适用于受害国采取外交保护的手段，援引国际组织责任的情形。外交保护（diplomatic protection）指的是一国对于另一国国际不法行为给属于本国国民的自然人或法人造成损害，通过外交行动或其他和平解决手段援引另一国的责任，以期使该国责任得到履行。[1]可见，在一般情况下，有权行使外交保护的国家是受害自然人或法人的国籍国。[2]反之，如果不符合国籍规则，受害国对于国际组织责任的援引不具有可受理性。

《外交保护条款草案》中关于外交保护的界定与行使均适用于国家之间，并且仅仅针对该草案本身的目的，因此并不是所有的外交保护都必须局限于国家之间，国家之间的外交保护仅仅是一般情况。事实上，国家也可以针对国际组织的责任行使外交保护，只要当国际组织的不法行为造成了具有该国国籍的自然人或法人的损害。

上述条款仅仅适用于国家采取外交保护援引国际组织责任的情况，国际组织援引国家或另一国际组织的责任并不需要符合国籍规则，国际法院在“为联合国服务而受损害的赔偿咨询意见”中，已经明确认为国籍问题对于求偿要求的受理无关紧要。[3]

（2）未用尽当地救济的规则。如用尽当地救济的规则适用于求偿要求，那么在未用尽所有可利用的有效救济时，受害国或国际组织不得援引另一国际组织的责任。

根据《外交保护条款草案》第 14 条第 2 款的规定，“当地救济”（local remedies）指的是受害人可以在应对其损害负责的国家，通过普通的或特别的司法、行政法院或机构获得的法律救济。根据一般国际法，“用尽当地救济”的规则应适用于与外

---

〔1〕《外交保护条款草案》第 1 条。

〔2〕《外交保护条款草案》第 3 条第 1 款。

〔3〕 See “Reparation for Injuries Suffered in the Service of the United Nations”, Advisory Opinion, I. C. J. Repots 1949, p. 186.

交保护、人权保护相关的诉求。〔1〕但是，国际组织为保护其执行公务的职员或代理人，向责任国援引国际责任时，并不需要满足“用尽当地救济”的规则，这一观点在“为联合国服务而受损害的赔偿咨询意见”中已经得到确认。〔2〕

在援引国际组织责任的场合，“用尽当地救济”规则中的“当地”不同于国家的领土范围，而是指该国际组织的框架范围，即首先应用尽该组织内部自身的救济机制。对于国际组织采用“用尽当地救济”的措辞，似乎不太贴切，但考虑到该措辞用法已经在一般国际法上包含了特定的法律内涵，并且已经得到了普遍的接受，因此《国际组织的责任条款草案》仍然沿用了这一措辞。2000 年 11 月，美国就欧盟及其成员国在削减民航飞机噪音的措施问题上的纠纷，向国际民航组织援引欧盟及其成员国的国际责任，欧盟委员会法律事务司司长代表欧盟及其成员国在国际民航组织理事会发表声明认为，美国的诉求不具有可受理性，因为美国尚未就上述争议用尽欧盟本身的救济方式，而欧盟成员国法院与欧洲法院可以受理有关争议。〔3〕

“用尽当地救济”规则适用的前提应，是存在可以利用的并且是有效的救济方式。〔4〕目前，自身具有救济机制的国际组织

---

〔1〕 See A. A. Cançado Trindade, *The Application of the Rule of Exhaustion of Local Remedies in International Law*, Cambridge University Press 1983, pp. 46 ~ 56; C. F. Amerasinghe, *Local Remedies in International Law*, Cambridge University Press 2004, pp. 64 ~ 75.

〔2〕 See "Reparation for Injuries Suffered in the Service of the United Nations", Advisory Opinion, I. C. J. Repots 1949, p. 184.

〔3〕 "Oral Statement and Comments on the US Response", 15 November 2000, A/CN. 4/545, attachment No. 18.

〔4〕 根据《外交保护责任条款》第 15 条的规定，可利用并且有效的救济方式的例外包括：①不存在合理地可得到的能提供有效补救的当地救济，或当地救济不具有提供此种补救的合理可能性；②救济过程受到不当拖延，且这种不当拖延是由被指称应负责的国家造成的；③受害人与被指称应负责国家之间在发生损害之日没有

仍是少数，那么这一条款是否包含国际组织所提供的救济机制，如责任国际组织所接受的国际法庭、国际仲裁庭甚至是一国国内法院管辖等情况，其表述本身是模糊的，但联合国国际法委员会认为该条款并未禁止包含上述情况。[1]

无论是上述哪种情况，国际责任的援引方未能满足相应的条件，仅仅产生使其援引行为不具有可受理性的程序性法律效果，而并不意味着其援引权利本身的消失。当援引方满足了相应的条件，其援引行为也就又恢复了可受理性。

但是，当满足一定的条件时，援引权利本身存在着失效的可能。根据《国际组织的责任条款草案》第46条的规定，如果受害国或国际组织已有效地放弃要求，或基于其行为应被视为已有效地默认其求偿要求失效，则不得援引另一国际组织的责任。国际组织具有独立的法律人格，有权表达自身的“意志”，可以“放弃”求偿要求或“默认”求偿要求失效。显然，这里的“放弃”或“默认”都必须是“有效”的。就国际组织的特点而言，判断其“放弃”或“默认”是否“有效”有两个方面的标准：一方面，应从国际组织的机构或代理人的权限标准来判断，即作出“放弃”行为或被推定为“默认”的机构或代理人必须具备与该行为相称的权限，否则就不能认定该行为对国际组织产生效力。另一方面，应从“放弃”或“默认”本身的行为标准来判断，即该行为本身应是有效的，如果行为的作出受到了欺诈、胁迫等因素的干扰，则其行为本身的效力便有待认定。在上述两个方面标准的判断中，国际组织的规则无疑应发挥不可替代的作

(接上页) 相关联系；④受害人明显的被排除了寻求当地救济的可能性；⑤被指称应负责的国家放弃了用尽当地救济的要求。

〔1〕 “Draft Articles on the Responsibility of International Organizations”, with Commentaries, *Yearbook of the International Law Commission*, 2011, vol. Ⅱ, Part Two, General Commentary, p. 74.

用，并且其判断与认定的过程可能要比国家主体更为复杂。

5.1.2 数个受害国或国际组织援引责任

在数个国家或国际组织由于某一国际组织的同一国际不法行为而受害的情况下，每一受害国或国际组织可分别援引该国际组织对有关国际不法行为的责任。这一条款明确阐明了每一个受害国或受害国际组织援引国际责任的权利，并且它们之间权利平等、互不影响。例如，在“核试验案”中，法国试验核武器的受害方澳大利亚与新西兰，就是分别就该行为向国际法院提起诉讼的。但是，这一条款也不妨碍有关受害方联合援引国际组织的责任。

5.1.3 数个责任国际组织和国家的情形

在一个国际组织和一个或若干国家或其他国际组织对同一国际不法行为应负责任的情形下，可以对每一个国家或国际组织援引涉及该行为的责任。但是，只有在援引主要责任未获得赔偿的情况下，方可援引次要责任。上述两种情形下，都不允许任何受害国或国际组织通过补偿的方式获取多于其所受损失的利益，也不妨碍提供赔偿的国家或国际组织对其他责任国或国际组织行使可能具有的追索权。

这一条款适用于存在共同不法行为的情况，只要责任方中有一个是国际组织即可。一般情况下，受害者可以向任意一个责任方援引责任，但是每个责任方的责任范围并不一定相等，要根据其在整个不法行为中的具体行为来确定。例如，在共同侵权行为中，既可能是责任方经过意思联络，从而存在不同的“分工”行为，也可能是没有经过意思联络的“混合行为”。《国际组织的责任条款草案》第 14～17 条规定了“国际组织对国家或另一国际组织行为的责任”，第 58~62 条规定了“国家对国际组织的行为的责任”，这些都是可能产生共同责任的情况。

在共同责任中，如果存在主要责任和次要责任的区分，则援引主要责任处于优先的地位，次要责任为一种补充性质的责任，只有当援引主要责任未得到赔偿的情况下，方可援引次要责任。《国际组织的责任条款草案》第 62 条规定了国际组织成员国因“接受”和“默认”而应对该组织的不法行为负责，但这种国家责任应为一种次要责任。

适用这一条款援引国际责任，还要受到两种限制。其一，无论怎么援引责任，受害方所获得的赔偿都不得超过它所受到的损害，也就是不能从损害中获利，而应当在结果上使得二者相称。其二，受害方援引责任，对于共同的责任方而言是一种外部关系，因而并不影响也不得妨碍责任方之间的责任追索与分担。责任分担是其内部关系，如果存在于国际组织与其成员之间，则应适用国际组织的规则等国际组织框架内部的文书、机制。

在一些国际条约中，明确规定了有关数个责任方的责任性质及其分摊问题，这些特别规定也构成《国家责任条款草案》和《国际组织的责任条款草案》的“特别法”。1972 年《空间物体造成损害的国际责任公约》第 5 条第 1 款规定：“两个或两个以上的国家共同发射空间物体时，对所造成的任何损害应共同及单独承担责任。”根据该公约第 4 条的规定，对于损害的赔偿责任应按照责任国的过失程度分摊，如果对于其过失程度无法断定，则赔偿应由责任国平均分摊。但平均分摊不得妨碍受害国向一个或全体责任国行使索取其应偿付全部赔偿的权利。

5.1.4 受害国、国际组织以外的国家或国际组织援引责任

受害国、国际组织以外的国家或国际组织有权在下列情况

下援引另一国际组织的责任：被违反的义务是为包括援引责任的国家或组织在内的国家集团或国际组织集团而承担的，并且是为了保护该集团的集体利益而确定的。受害国以外的国家有权在被违背的是对整个国际社会承担的义务时，援引某一国际组织的责任。不是受害方的国际组织有权在下列情况下援引另一国际组织的责任：被违反的义务是向整个国际社会承担的，而且保护该义务所基于的整个国际社会的利益属于被援引责任的国际组织的职责。

具体而言，受害国、国际组织以外的国家或国际组织援引责任包含三种情况。首先，国家集团或国际组织集团的情况。这一情况要求不法行为违反的是向该集团承担的国际义务，并且是为了保护该集团的集体利益而确定的。后者强调被违反的国际义务维护的是“该集团的集体利益”，也就是说该义务指向的不仅仅是该集团的一个或几个成员。为了维护该集团的集体利益，集团中的每一个成员都有权单独援引国际责任，而不受其他条件的制约。例如，最典型的具有集体利益的义务便是共同保护环境的义务，如果该义务遭到了违反，则有损于共同环境的集体利益，因而可以适用上述情况。

其次，整个国际社会的义务由国家援引的情况。受害国以外的国家有权在被违背的是对整个国际社会承担的义务时，援引某一国际组织的责任。这一种情况主要是类比适用了《国家责任条款草案》第 48 条第 1 款（b）项的规定，对此尽管没有充分的理由与实践予以证明，但也找不出相反的证据。在“巴塞罗那电车、电灯和电力公司案”中，国际法院认为“对整个国际社会的义务”包括现代国际法所确认的侵略、灭绝种族行为为非法，宣布所有的人享有免受奴役、种族歧视的基本权利等原则和规则。[1]值得注意的是，这里仅仅规定了国家援引国际组织责任的情况，国际组织援引另一国际组织责任的情况则另行规定。当出现了违反对整个国际社会承担的国际义务时，另一国际组织有权对此援引国际责任，这并不妨碍作为其成员的国家仍对此援引责任，只要成员国没有赋予该国际组织有关事项的独享性授权。

最后，整个国际社会的义务由国际组织援引的情况。当被违反的义务是向整个国际社会承担的，而且保护该义务所基于的整个国际社会的利益属于援引责任的国际组织的职责，该国际组织有权援引国际责任。这里显然再一次强调了国际组织的“职能性范围”，即国际组织的权利与义务应以其职能作为范围，[2]包括为保护国际社会的利益援引国际责任的权利。例如，根据《联合国海洋法公约》的规定，国际海底区域内的资源属于全人类的共同利益，国际海底管理局代表全人类的共同利益履行其职能，因而它有权针对国际海底区域内的违法行为援引国际责任。[3]

在上述三种情况下，有权援引国际责任的国家或国际组织可以要求责任国际组织停止其国际不法行为，提供不重犯的承诺和保证，并向有关受害方提供赔偿。《国际组织的责任条款草案》第 44 条“通知求偿要求”、第 45 条第 2 款“求偿要求的可

---

〔1〕 See “Case Concerning the Barcelona Traction, Light and Power Company, Limited”, Judgment, I. C. J. Reports 1970, p. 32.

〔2〕 国际组织的“职能性原则”主要内涵是：国际组织在法律上的权利能力与行为能力来自主权国家的授权，其法律人格，只有在执行其法定职能及达成其组织宗旨所必需的范围内才能得到承认；只有在此范围内国际组织才有资格享受权利和承担义务。参见梁西：《国际组织法（总论）》，武汉大学出版社 2001 年版，第 9 页。

〔3〕 2011 年 2 月，联合国国际海洋法法庭海底争端分庭就“海底活动中担保国的责任问题”发表了咨询意见，该意见重申了这一观点。

受理性”与第46条“援引责任权利的丧失”等援引国际责任的条件同样应得到适用。

此外，《国际组织的责任条款草案》第四部分第一章关于“援引国际组织的责任”的规定，不妨碍个人、国家或国际组织以外的实体可能具有的援引国际组织的国际责任的权利，该草案也没有排除其他实体意图获得与行使此类权利的情况。

5.2 责任的履行

5.2.1 责任的形式

根据《国际组织的责任条款草案》第二部分的规定，对于国际不法行为承担国际责任的国际组织，将产生一定的法律后果。这些法律后果，在承担责任的国际组织与受害国或国际组织之间产生了新的法律关系，它们也是国际组织履行其责任的具体形式。

(1) 继续履行 (continued duty of performance)。无论承担《国际组织的责任条款草案》规定的何种法律后果，都不影响作出国际不法行为的责任国际组织继续履行其所违反的义务的责任。换句话说，一方面，国际组织对于国际责任的承担并不影响其所违反的国际义务的存在，国际组织仍应遵守并履行该义务；另一方面，该条款也表明继续履行是一种可以与其他责任形式并存的责任形式，与其他责任形式互不影响、互不替代。但是，国际义务是由初级规则所决定的，这就意味着会发生已经违反的国际义务可能无法继续履行的情况。

(2) 停止和不重犯 (cessation and non-repetition)。国际不法行为的责任国际组织有义务，在该不法行为正在进行时，立即停止该行为，并在必要的情况下，提供不重犯该行为的适当承诺和保证。这是直接针对国际义务初级规则设立的条款，当不法行为得以持续时，停止和不重复不法行为，无疑是受害国或国际组织追求的首要目标，这一规定也就显得十分必要与合理。停止和不重犯都是违反国际义务后修补和恢复法律关系的措施，前者主要着眼于制止不法行为的持续进行，后者则侧重于预防未来不法行为的发生。国际组织作出不重复不法行为的承诺和保证，也可以视为是由于不法行为而引起的一项新义务。

（3）赔偿（reparation）。责任国际组织有义务对国际不法行为所造成的损害提供充分赔偿。上述损害包括该国际组织的国际不法行为所引起的任何损害，包括物质损害和精神损害。

这一条款确立了“损害”的范围与赔偿的程度。“损害”包括国际不法行为所引起的任何损害，包括物质损害和精神损害。欧洲法院在“Walz v. Clickair 案”判决中认为，《国家责任条款草案》对于“损害”的界定表达了所有的国际法子系统都通用的概念，也表达了国际法中“损害”概念的一般含义。[1]该条款确立了承担责任的国际组织应“充分赔偿”的原则，受害国或国际组织也有要求承担责任的国际组织“充分赔偿”的权利，但是这里“充分赔偿”的内涵应当结合赔偿的具体方式来理解，否则会显得有些含糊。

对国际不法行为造成的损害应给予充分赔偿，单独或合并采取恢复原状、补偿和抵偿的赔偿方式。①恢复原状（restitution）。在以下情况下，国际不法行为的责任国际组织有义务恢复原状，即恢复到实施不法行为以前所存在的状况：恢复原状并非实际上不可能；从恢复原状而非补偿中得到的利益与所引起的负担不致完全不成比例。②补偿（compensation）。如果损害没有以恢复原状的方式得到赔偿，为国际不法行为承担责任

〔1〕 See Judgment of 6 May 2010, Case C-63/09, Walz v. Clickair SA, paras. 27~28.

的国际组织有义务补偿该行为造成的损害。这种补偿应该涵盖经济上可以评估的任何损害，包括可以确定的利润损失。③抵偿（satisfaction）。如果损害没有以恢复原状或补偿的方式得到赔偿，某一国际不法行为的责任国际组织有义务对该行为造成的损失给予抵偿。抵偿可采取承认不法行为、表示遗憾、正式道歉或其他适当的方式。抵偿不应与损害不成比例，并且不得采取羞辱责任国际组织的方式。

上述规定具体描述了恢复原状、补偿和抵偿的法律内涵，并清晰地表明三种方式在逻辑上的前后补充关系，即前一种方式无法采用或采用了仍不足以充分赔偿的时候，后一种方式对前者予以补充。但它们之间并不是适用上的先后关系，因为上述条款明确规定这些方式既可以单独适用，也可以同时适用。在一般情况下，受害国或国际组织有权根据实际情况合理地选择赔偿方式，但这并不意味着责任国际组织必须按照该选择履行，因为在协商无法达成一致的前提下，就赔偿方式产生的争议可以由有关司法或仲裁机构受理并得到解决。

常设国际法院审理的“霍茹夫工厂案”是关于“赔偿”问题经常引用的一个案例。在该案中，法院首先确立了赔偿问题的一般原则，即对约定的违反产生了以适当形式提供赔偿的义务，这是一项国际法原则；因此，赔偿是违反一项条约不可或缺的内容，这一点无须在条约中载明。接着，法院详细地阐述了赔偿义务的具体内容，即赔偿必须尽可能消除不法行为的所有后果，并恢复不法行为未发生时可能存在的状况；当无法恢复原状时，应偿付一笔与恢复原状等价的款额；如果既无法恢复原状，代替恢复原状的款额也不能抵销其所受的损失时，则应当对损害给予赔款；上述这些方法应成为确定违反国际法的行为应赔偿数额的原则。可见，《国际组织的责任条款草案》所规定的充分赔偿的原则以及其具体方式，与常设国际法院上述判决基本思路保持了一致；同时，草案还新设了“抵偿”的赔偿方式，主要用来针对涉及精神损害方面的问题，这是之前法院判决中所没有的内容。

在具体适用上述三种赔偿方式时，应当考虑其各自的相称性要求，从而将赔偿限定在公平的程度以内，而不至于产生破坏性的、难以满足的要求，进而导致一种反向的不公平。“关于这个问题，在国家责任条款中，在规定每种赔偿方式时，都是按照各自的具体情况考虑到了相称的因素。因此，如果恢复原状对责任国造成的负担同受害国或其他当事方获得的好处毫不相称，则不得采用恢复原状的方式。补偿只限于国际不法行为实际造成的损失，而对间接的、遥远的损失而给予补偿则应排除在外。至于责任国给予的抵偿，其抵偿方式和程度也不得与受害国遭受的损失不成比例。”〔1〕这同样适用于承担责任的国际组织与受害国或国际组织之间的赔偿方式问题。

补偿是国际组织经常使用的一种赔偿方式。在联合国对刚果军事行动所引起的索赔事件中，联合国对比利时、瑞士、希腊、卢森堡和意大利的国民予以了补偿，并对赞比亚、美国、英国、法国以及红十字国际委员会做了一定的解决安排。正如联合国秘书长在给苏联常驻代表的信中所言：“联合国的一贯政策是，由秘书长代表联合国对遭受损害而本组织又对此损害负有法律责任的个人进行补偿。这项政策符合公认的法律原则和《联合国特权与豁免公约》。”〔2〕

---

〔1〕 贺其治：《国家责任法及案例浅析》，法律出版社 2003 年版，第 233 页。

〔2〕 *United Nations Juridical Yearbook* (1965), p. 41, “Draft Articles on the Responsibility of International Organizations”, with Commentaries, *Yearbook of the International Law Commission*, 2011, vol. Ⅱ, Part Two, General Commentary, p. 61.

在国际组织的实践中，采用抵偿方式最常见的形式是道歉或表示遗憾，这就意味着国际组织的道歉或表示遗憾可以成为违反国际义务行为的法律后果之一。1999 年 12 月 16 日，在接受 1994 年卢旺达境内灭绝种族行为发生期间有关联合国的行动独立调查报告时，联合国秘书长指出："势必令我们所有人倍感遗憾的是，我们没有采取更多的预防措施。当时该国境内存在一支联合国部队，但该部队没有得到授权，也不具有采取有力行动的能力，而为了预防和制止灭绝种族的行为，需要采取这种行动。我代表联合国承认这种失败，并深表自责。"〔1〕北约军队轰炸中国位于前南联盟贝尔格莱德的大使馆后，其发言人在一次新闻发布会上表示："我认为，我们已经做了任何人在这种情况下都会做的事情，首先，我们明确地、毫不含糊地和迅速地承认了责任，我们对中国政府表示了遗憾。"〔2〕实践中，具体为国际组织的哪个机关、代表或代理人有权代表该组织作出抵偿的意思表示，则应根据该国际组织的规则确定。但是，要求

〔1〕"Draft Articles on the Responsibility of International Organizations", with Commentaries, *Yearbook of the International Law Commission*, 2011, vol. Ⅱ, Part Two, General Commentary, p. 62.

〔2〕"Draft Articles on the Responsibility of International Organizations", with Commentaries, *Yearbook of the International Law Commission*, 2011, vol. Ⅱ, Part Two, General Commentary, p. 62. 值得一提的是，在此事件中，北约组织还涉嫌违反了"禁止反言"（estoppel）这一国际法原则。根据英国《卫报》（The Guardian）的一篇报道，北约组织在科索沃战争期间，发现中国驻贝尔格莱德的大使馆被用于中转前南联盟军队的联络，因而将其从禁止攻击目标的名单上撤销，并故意将其炸毁。但是，另一方面，前南问题国际特别刑事法庭的报告却认为，该不法行为起因于当事机组人员收到了来自其他机构的错误信息。这两种对于事实的描述和认定显然前后矛盾。See John Sweeney, "NATO Bombed Chinese Deliberately", *The Guardian*, October 17, 1999; Final Report to the Prosecutor by the Committee Established to Review the NATO Bombing Campaign Against the Federal Republic of Yugoslavia, 转引自盛红生："从诉讼角度考察国际组织的法律人格"，载《法学评论》2010 年第 1 期。

以贬低国际组织或其机关、成员的措辞方式予以道歉，则是对该国际组织的一种羞辱，上述条款对此予以禁止。

为确保充分赔偿，在必要时，应支付根据《国际组织的责任条款草案》的条款所应支付的任何本金金额的利息（interest），为此应规定利率和计算方法。利息从应支付本金金额之日起算，至完成履行支付义务之日为止。

根据《国际组织的责任条款草案》第39条的规定，在确定赔偿时，应考虑到受害国或国际组织或为其提出索赔的任何人或实体，由于故意（willful）或疏忽（negligent）以作为（action）或不作为（omission）的方式而促成损害（contribution to the injury）的情况。

这一条款主要包含两种可能适用于国际组织的情况：其一，作出不法行为的国际组织可以根据受害者促成损害的具体情况，减轻其赔偿责任；其二，受害国或国际组织或者为受害国或国际组织提出索赔的国际组织也可以根据促成损害的具体情况确定赔偿。当然，“为其提出索赔的任何人或实体”还可以指代《国际组织的责任条款草案》规定的其他有权援引国际责任的主体。最后，还应指出，如果在初级规则中含有针对受害者有关促成损害的规定，则这一条款不妨碍前者的适用，并且前者应当优先适用。

《国际组织的责任条款草案》还规定了有关“确保履行赔偿义务”的条款。一方面，责任国际组织应根据其规则采取一切适当措施，确保其成员向该组织提供有效履行草案所规定的义务的手段；另一方面，责任国际组织的成员应采取依据该组织的规则可能要求采取的一切适当措施，使该组织能够履行草案所规定的义务。[1]

---

〔1〕《国际组织的责任条款草案》第40条。

该条款没有为国际组织的成员设定独立的义务，因为在大多数情况下，除《国际组织的责任条款草案》有特别的规定外，作为具有独立法律人格的国际组织应独立地对外承担国际责任。其中，也应当包括国际组织无力履行国际责任时的情况，成员对此没有义务承担连带的或补充的责任。这样的观点得到了包括美国、法国、意大利、荷兰等大多数国家以及国际货币基金组织、禁止化学武器组织等国际组织的支持。联合国国际法委员会也认为："不赞成在国际法中存在此种义务，这种做法看来符合惯例。"〔1〕

很显然，联合国国际法委员会也不认为成员在国际组织国际责任的承担问题上应完全处于消极的状态，否则便不会"逐渐发展"出该条款。该条款第 1 款从国际组织的角度，要求国际组织根据组织规则采取适当措施，确保成员为国际组织履行责任提供有效手段；第 2 款又从成员的角度，要求成员应采取组织规则可能要求采取的一切适当措施，使国际组织能够履行相关义务。因此，成员为国际组织提供有效手段，虽然是成员的行为，但根据该条款却是国际组织与成员双方共同的义务。

上述两个条款都强调了国际组织的规则的作用，国际组织与成员采取该条款规定的手段、措施，都应当符合组织规则的规定，并不得超越组织规则。这就又带来了另一个问题，即当国际组织的规则对此问题没有规定时，应如何实现本条款规定的义务？在国际法院"关于联合国某些费用的咨询意见"中，

〔1〕 "This approach appears to conform to practice, which does not show any support for the existence of such an obligation under international law." "Draft Articles on the Responsibility of International Organizations", with Commentaries, *Yearbook of the International Law Commission*, 2011, vol. Ⅱ, Part Two, General Commentary, p. 65.

杰拉尔德·菲茨莫里斯法官在其单独意见中指出，如果没有经费，联合国便无法履行职责，因而即使没有《联合国宪章》第17条第2款的规定，根据国际法院在“为联合国服务而受损害的赔偿咨询意见”中所适用的“国际组织履行职责的必要性”原则，宪章中也应暗示成员国具有为联合国筹集资金的一般性义务。〔1〕据此可以推定认为，即使国际组织的规则没有明确规定，成员仍然负有为国际组织承担责任提供手段、措施的义务，尤其是提供国际组织履行职责所必要的经费，这是一项“一般性义务”（a general obligation）。但是，这样的“一般性义务”是否已为国家和国际组织所普遍接受，仍无定论；至少，在实践中，仍然存在成员拖欠国际组织经费的情况。

在联合国国际法委员会特别报告员的报告中，并无上述条款，因为特别报告员认为这应属于国际组织的内部事项，而《国家责任条款草案》也没有去处理国家内部如何履行国际责任的问题。但是，国家财政的独立性与国际组织财政的独立性并不能同日而语，至少前者不太会出现财政不足以履行国际责任的情况，但后者却极有可能发生此种情况。国际组织独立的法律人格不仅要求其独立对外承担国际责任，也要求其有能力独立履行国际责任，否则便有损于其履行职权。因此，在一读通过的《国际组织责任的条款草案》中，增加了第39条的规定。〔2〕在该草案二读审议时，对此又作了一定的修改和强化，增加了

---

〔1〕 See “Certain Expenses of the United Nations”, Advisory Opinion, I. C. J Reports 1962, p. 208.

〔2〕 原文为：Article 39 (Ensuring the effective performance of the obligation of reparation) : The members of a responsible international organization are required to take, in accordance with the rules of the organization, all appropriate measures in order to provide the organization with the means for effectively fulfilling its obligations under this chapter.

第 1 款的规定，从而形成了现在的条款内容。[1]

就新条款第 2 款而言，在措辞表述方面，将原条款中“要求采取”（are required to take）的弹性表达改为“应当采取”（shall take）的义务性表达；将“根据”（in accordance with）国际组织规则改为国际组织规则“可能要求”（may be required）的措施，暗示了在国际组织规则没有规定的情况下，成员也可以采取措施；将“提供”（provide）方式的客观行为描述改为“使……能够”（may be required），表达了成员提供行为的积极目的。上述措词表述的改进和完善，使得本条款的内涵更加丰富、目的更加明确、作用更加强化，进而成为《国际组织的责任条款草案》的又一个规则亮点。

最后，关于《国际组织的责任条款草案》第三部分“国际组织的国际责任的内容”的遵守与实施，还存在两个方面的限定。一方面，是组织规则相关性的限定。责任国际组织不得以其规则作为不能按照该部分的规定遵守其义务的理由。但上述规定不妨碍国际组织的规则适用于该组织与其成员国和成员组织之间的关系。

另一方面，该部分所列国际义务的范围限定。该部分规定承担责任的国际组织的义务可能是对一个或若干国家、一个或若干其他组织、或对整个国际社会承担的义务，具体取决于该国际义务的特性和内容及违反义务的情况。该部分不妨碍任何人、国家或国际组织以外的实体，由于国际组织的国际责任直

---

〔1〕 新条款的全文为：Article 40 (Ensuring the fulfillment of the obligation to make reparation)：1. The responsible international organization shall take all appropriate measures in accordance with its rules to ensure that its members provide it with the means for effectively fulfilling its obligations under this Chapter. 2. The members of a responsible international organization shall take all the appropriate measures that may be required by the rules of the organization in order to *enable* the organization to fulfill its obligations under this chapter.

接取得的任何权利。

5.2.2 反措施

反措施（countermeasures）是指受害国或受害的国际组织针对责任国际组织，因后者不履行其国际不法行为所引起的法律义务而采取的措施。《国际组织责任条款草案》第四部分第二章，集中规定了“反措施”的有关制度，使得“反措施”成为国际组织责任法上一项重要的“成文”性制度。

反措施也是国际责任法领域的一项特殊制度，结合《国际责任条款草案》的类似规定，可以看出反措施不同于“还报”（retortion）和“报复”（reprisals）这两种解决国际争端的方法。

“还报”是指针对他国的不礼貌、不友好或不公平的行为，一国采取的同等或类似的行为，以迫使对方停止不礼貌、不友好或不公平的行为。可见，“还报”所针对的是“不礼貌、不友好或不公平的行为”，而反措施针对的是国际不法行为的责任国不履行或未按规定履行有关责任时，采用的一种对等对抗措施。

“报复”是指针对他国的国际不法行为，一国采取的相应的强制措施，以迫使对方停止其不法行为或对不法行为造成的损失给予赔偿。“报复”与反措施的区别主要在于：前者包括针对国际不法行为本身的对抗和回应，后者主要是促使对方履行国际责任的一种后果性手段；前者包括强制行为在内，后者仅限于暂不履行对责任方的国际义务；前者近期主要限于国际武装冲突中所采取的行动，而后者与武装冲突无关，并主要适用于国际责任法领域。

5.2.2.1 反措施的目的和限制

（1）正当性目的。受害国或受害的国际组织只在为促使对国际不法行为承担责任的国际组织依《国际组织的责任条款草案》第三部分，即“国际组织的国际责任内容”部分的规定，履行其义务时，才可以对该国际组织采取反措施。目的的正当性，是行使反措施的首要条件，也是反措施本身获得合法性的前提，否则行使所谓的“反措施”本身就是违反国际法的行为。

（2）三重限制。①内容限制。反措施应限于采取措施的国家或国际组织暂不履行对国际组织的国际义务的情况，而不能包含其他内容，这一限制使得反措施的内容范围比“还报”和“报复”措施要狭窄。②程度限制。反措施应尽可能容许恢复履行有关义务，只有这样才能体现出反措施是为促使对方履行国际责任的初衷，并且使得因采取反措施而影响的权利义务关系不至于遭到不可逆的损害。③外部限制。反措施应尽可能限制其对责任国际组织行使其职能的影响，这是《国际组织责任条款草案》起草者在受害者与责任国际组织行使权利方面的一种平衡，以期保障责任国际组织能够正常地履行其职能。

5.2.2.2 国际组织成员采取反措施的条件

由于国际组织与其成员之间存在着特殊的法律联系，因而成员针对自身所属的国际组织采取反措施，需要满足一些特定的条件，《国际组织的责任条款草案》对此有着特别的规定。

（1）国际组织规则明示原则。这一原则要求，责任国际组织的受害成员国或国际组织不得因该组织违反了该组织的规则所规定的国际义务，而对该组织采取反措施，除非该组织的规则规定了此种反措施。本原则将组织规则规定的国际义务，从一般性、外部国际义务中区分开来，除非该组织规则有所明示，国际组织的成员只能基于一般性国际义务或外部权利义务关系，对该组织采取反措施，从而形成了一种国际义务“内外有别”的划分格局。

（2）反措施例外原则。这一原则要求，一般情形下即使已经满足“国际组织规则明示原则”的要求，责任国际组织的受害成员国或国际组织，仍然不可对该组织采取反措施，除非同时满足以下三个条件：①一般性条件。成员对国际组织采取反措施，必须满足采取反措施的一般性条件，即《国际组织的责任条款草案》第51条的规定，这也体现出本条规定与第51条规定的特殊与一般的关系。②组织规则默示。采取反措施并非不符合该组织的规则，该组织的规则没有明确禁止成员采取反措施，而是对此保持了一种“沉默”的态度。当然，如果组织规则明确规定了成员的反措施权利，也是满足本条件的。③救济性手段。国际组织的成员只有在别无其他适当手段，促使该责任国际组织履行关于停止违法行为和作出赔偿的义务时，方可采取反措施，从而使得反措施成为成员与国际组织之间的一种救济性手段，而不是可以优先采用的手段。

5.2.2.3 不受反措施影响的义务

反措施不得影响以下义务：①《联合国宪章》中规定的不得使用武力或以武力相威胁的义务；②保护人权的义务；③禁止报复的人道主义性质的义务；④依一般国际法强制性规范承担的其他义务。

采取反措施的受害国或国际组织仍应履行下列两项义务：①其与责任国际组织之间任何可适用的争端解决程序项下的义务；②尊重责任国际组织的机关或代理人以及该组织馆舍、档案和文件的不可侵犯性。

此外，采取反措施还应符合相称性（proportionality）原则的要求，即反措施必须和所遭受的损害相称，并应考虑到国际不法行为的严重程度和有关权利。

5.2.2.4 采取反措施的程序性条件

受害国或国际组织在采取反措施以前应当采取以下措施：

①根据《国际组织的责任条款草案》第 44 条通知承担责任的国际组织，按照该草案第三部分“国际组织的国际责任内容”履行其义务；②将采取反措施的任何决定通知承担责任的国际组织并提议与该组织进行谈判。但是，受害国或国际组织仍然可以采取必要的紧急措施，以维护其权利。③反措施的中止。在下列情况下不得采取反措施，如已采取的，务必中止，不得无理拖延：国际不法行为已经停止，并且已将争端送交有权作出对当事方有约束力决定的法院或法庭。但是，如果责任国际组织不秉承履行争端解决程序，则上述中止规则并不适用。

当特定的条件产生时，反措施就应当终止。一旦责任国际组织按照草案第三部分“国际组织的国际责任内容”，履行了其与国际不法行为有关的义务，即应终止反措施。

受害国或受害组织以外的国家或国际组织采取措施。根据《国际组织的责任条款草案》第 57 条的规定，有关反措施的整章规定不妨碍根据第 49 条第 1~3 款有权援引国际组织的责任的任何国家或国际组织，对该国际组织采取合法措施，以确保停止该违反义务行为，并使受害国或受害组织或被违反的义务的受益人获得赔偿。

总之，《国际组织的责任条款草案》在设立反措施特别制度时，为该制度的行使规定了诸多方面的限制条件，尤其是在国际组织的成员对其所属的组织采取反措施的方面，充分考虑了国际组织与其成员之间特殊的法律关系以及国际组织职能的行使、自主性的保障等多方面的因素，在引入该制度方面可谓“大胆而谨慎”。尽管如此，《国际组织的责任条款草案》有关反措施特别制度这一部分的内容，在联合国国际法委员会的审议过程中仍然存在较大的分歧，也受到了来自许多国家的质疑和异议。中国代表团认为，联合国国际法委员会在该草案中引入反措施特别制度，应采取极为慎重的态度。[1]

5.3 国际组织与其成员间法律责任的豁免

国际组织承担国内法上的法律责任，还涉及其在该国领土范围内的豁免问题。国际组织在一国国内实现组织目的、履行组织职能、开展执行活动，就需要得到该国提供的一些法律上的保障，以免受到外来干扰而影响国际组织的独立性，这些保障便构成了国际组织的特权与豁免。根据“职能必要”的理论依据（Doctrine of Functional Necessity），国际组织的特权与豁免制度，是其具有独立法律人格的一个方面的具体表现。[2]

在国际法上，“特权”与“豁免”通常一并使用，前者侧重于国际组织所享有的优先、礼让和便利，如通信优先权、免税优惠权等等，与国际组织的责任承担关联不多；而后者则是指国际组织的行为、财产免受一国国内法律程序管辖和执行的权利，显然这些权利将直接关系到国际组织法律责任的承担与履行。

一方面，就一国国内法的实体性规则而言，国际组织可能

---

〔1〕 针对《国际组织的责任条款草案》关于反措施制度的规定，中国代表团认为，国际组织具有不同于国家的特点，其中一个重要的方面就在于，国际组织的发展体现了国际社会的组织化程度，是对以国家作为主体的分散的国际社会的一定程度的组织和凝聚；而反措施制度更多地是与非组织化的、分散的国际社会相伴而生。因此，将反措施制度引入国际组织的责任制度中，与国际组织承担的对于国际社会组织化的职能背道而驰，在《国际组织的责任条款草案》中规定反措施制度是存在问题的。参见万霞：“《国际组织的责任条款草案》述评”，载《外交评论》2010年第2期。

〔2〕 参见梁西：《国际组织法（总论）》，武汉大学出版社2001年版，第113页。有关国际组织“职能必要”理论的阐述，参见饶戈平主编：《国际组织法》，北京大学出版社1996年版，第235~237页；李赞：“国际组织豁免的理论依据”，载《北方法学》2011年第3期。

因其不法行为而应当承担相应的法律责任，但由于其享有的豁免权，这些法律责任可能得不到相应的追诉和履行；另一方面，国际组织的管辖豁免与执行豁免权，涉及的是一国国内法上的程序性权利，而并不影响其实体性权利和义务的认定。因此，豁免问题仅仅是国际组织法律责任的履行问题，二者的联系与区别显而易见，在此仅对二者相联系的有关法律问题作必要的阐述。

国际组织的豁免一般在其宪章性文件、总部协定、东道国协定或多边条约中予以明确规定。《联合国宪章》第 105 条规定："一、本组织于每一会员国之领土内，应享受于执行其职务及达成其宗旨所必需之特权及豁免。二、联合国会员国之代表及本组织之职员，亦应同样享受于其独立行使关于本组织之职务所必需之特权及豁免。三、为明定本条第一项及第二项之施行细则起见，大会得做成建议，或为此目的向联合国会员国提议协约。"1946 年 2 月，联合国大会通过了《联合国特权与豁免公约》，该公约重申了《联合国宪章》第 105 条的规定，并授予了联合国及其财产资产、职员的公务言论与行为、执行使命的专家、出席会议的代表等司法管辖、法律诉讼豁免权。1947 年，联合国秘书长还分别与美国签订了《总部协定》、与瑞士签订了类似的协定。此外，国际劳工组织、联合国教科文组织、国际民航组织、世界卫生组织、世界贸易组织以及美洲国家组织等国际组织，也都在其宪章性文件中对其豁免问题作出了规定。国际组织还可以与国内的私人公司签订保险合同，以减免其职员、车辆的第三方责任。

许多国家专门制定了国内法，明确规定了国际组织在其国内的法律地位以及享有的特权与豁免。1945 年美国《国际组织豁免法》（International Organizations Immunities Act）与 1968 年英国《国际组织法》（International Organizations Act）都是如此，它们二者又分别是主张国际法与国内法“一元论”和“二元论”的代表；1977 年奥地利《授予国际组织特权与豁免法》（Law on the Granting of Privileges and Immunities to International organizations）第 1 条第 2 款规定，根据条约或者由公认的国际法规则提供的履行其职能的理由，将特权与豁免的权利授予国际组织。[1]

既然豁免权使得国际组织的国内法责任无法得到直接的履行，那么除了自愿赔偿之外，建立起区别于国内司法的一些机制，便成为一种需要和义务，以保障国际组织法律责任的履行。这些机制包括建立求偿委员会（claims commissions）、订立合同仲裁条款以及放弃豁免权等等。根据《联合国特权与豁免公约》第 29 条的规定，联合国应采取措施建立适当的解决机制，以解决私法性质的争端与享有豁免权的公职行为所引起的争端。

相对于《国际组织的责任条款草案》所规定的责任的履行方式，上述这些履行机制构成一种“特别法”上的义务，而应当得到国际组织的优先遵守与履行。在实践中，这些义务通常得到了国际组织的履行，以对其国际责任作出赔偿；也有的争端经历了长时间的诉讼或仲裁程序，方才得以解决，如上文中的“Westland Helicopters and AOI 系列案”与“International Tin Council 系列案”，但这也许只是特例。

在缺乏相应的裁判、履行法律责任特别机制的情况下，国际组织的豁免权必然与受害方获得正当程序和公平审判的权利相冲突，而后者已成为一项普遍公认的人权，并为《世界人权宣言》《公民及政治权利国际盟约》以及《欧洲人权公约》所

[1] See August Reinisch, *International Organizations before National Courts*, Cambridge University Press, 2000, p. 234.

规定。近年来，从欧洲人权法院与德国、意大利、法国、比利时等国家的国内法院相关实践来看，这些法院已经表现出优先保护相关人权的价值取向。在“Waite and Kennedy v. Germany案”中，欧洲人权法院认为，《欧洲人权公约》第6条规定了诉诸公平审判的权利，[1]这一权利应当包括针对国际组织的民事诉讼权；尽管诉诸公平审判的权利可能受到法定的限制，如对于国际组织独立地执行其职能的保护，但是这种限制只有在适度的情况下，才是合理而可以允许的，而这种适度的比例应取决于是否存在合理的可供选择的机制，以有效地保护当事人的相关人权。[2]可见，国际组织的豁免权也不是绝对的，它也正在向着“有限豁免”的趋势发展，这一发展趋势又被一些学者称为“立宪主义的兴起”（rise of constitutionalism）。[3]

本章小结

本章主要探讨了国际组织与其成员间法律责任的实施问题，具体涉及责任的援引、责任的履行以及责任的豁免等方面的内容。

首先，责任的援引包括一个受害国或国际组织援引责任、数个受害国或国际组织援引责任、数个责任国际组织和国家以

---

〔1〕 该公约第6条规定的英文原文为：“In the determination of his civil rights and obligations or of any criminal charge against him, everyone is entitled to a fair and public hearing within a reasonable time by an independent and impartial tribunal established by law.”

〔2〕 See “Waite and Kennedy v. Germany”, Application No. 26083/94, *European Court of Human Rights*, 18 February 1999, p. 13, supra note 48.

〔3〕 See August Reinisch, “Privileges and Immunities”, in *Research Handbook on the Law of International Organizations*, edited by Klabbers and Asa Wallendahl, Edward Elgar 2011, pp. 140~146.

及受害国、国际组织以外的国家或国际组织援引责任的情形。《国际组织的责任条款草案》针对上述不同的情形，分别规定了它们各自的适用条件和程序规则。

其次，根据《国际组织的责任条款草案》第二部分的规定，对于国际不法行为承担国际责任的国际组织，将产生一定的法律后果。这些法律后果，在责任国际组织与受害国或国际组织之间产生了新的法律关系，它们也是国际组织履行其责任的具体形式。这些形式包括：继续履行、停止和不重犯以及赔偿；其中，赔偿方式又包括单独或合并采取恢复原状、补偿和抵偿的方式。

针对国际组织的特殊性，《国际组织的责任条款草案》还规定了有关“确保履行赔偿义务”的条款。一方面，责任国际组织应根据其规则采取一切适当措施，确保其成员向该组织提供有效履行草案所规定的义务的手段；另一方面，责任国际组织的成员应采取该组织规则可能要求采取的一切适当措施，使该组织能够履行草案所规定的义务。该条款没有为国际组织的成员设定独立的义务，因为在大多数情况下，除《国际组织的责任条款草案》有特别的规定外，作为具有独立法律人格的国际组织应独立地对外承担国际责任。其中，也应当包括国际组织无力履行国际责任时的情况，成员对此没有义务承担连带的或补充的责任。

《国际组织责任条款草案》第四部分第二章，集中规定了“反措施”的有关制度，使得“反措施”成为国际组织责任法上一项重要的“成文”性制度。由于国际组织与其成员之间存在着特殊的法律联系，因而成员针对自身所属的国际组织采取反措施，需要满足一些特定的条件，《国际组织的责任条款草案》对此有着特别的规定，包括国际组织规则明示原则和反措施例外原则。此外，采取反措施还必须满足正当性目的、三重限制以及程序性条件。

最后，国际组织承担国内法上的法律责任，还涉及其在该国领土范围内的豁免问题。一方面，就一国国内法的实体性规则而言，国际组织可能因其不法行为而应当承担相应的法律责任，但由于其享有的豁免权，这些法律责任可能得不到相应的追诉和履行；另一方面，国际组织的管辖豁免与执行豁免权，涉及的是一国国内法上的程序性权利，而并不影响其实体性权利和义务的认定。因此，豁免问题仅仅是国际组织法律责任的履行问题。既然豁免权使得国际组织的国内法责任无法得到直接履行，那么除了自愿赔偿之外，建立起区别于国内司法的一些机制，便成为一种需要和义务，以保障国际组织法律责任的履行。这些机制包括建立求偿委员会（claims commissions）、订立合同仲裁条款以及放弃豁免权等等。相对于《国际组织的责任条款草案》所规定的责任的履行方式，上述这些履行机制构成一种“特别法”上的义务，而应当得到国际组织的优先遵守与履行。

6 结论

本书紧密围绕国际组织与其成员间的法律责任问题，首先从这一论题的基本问题出发，探讨了责任法上国际组织的要件、责任的法律基础以及国际责任法的编纂，为后文进一步展开研究奠定了基础。其后，鉴于国际组织的责任、国际组织成员的责任受到国际组织内部法、国内法与国际法的三重调整，本书分别从这三个层面进行考量，重点分析和阐释了若干典型案例，揭示了国际组织规则的地位和作用、欧盟与其成员国分担责任的特殊性，对论题形成了宏观层面的把握，勾勒出国际组织的责任问题在不同法律层面的发展轨迹。在微观层面，《国际组织的责任条款草案》全面规定了国际组织与其成员间在法律责任问题方面的规则与制度，在全面、翔实的文本研究基础上，结合国际组织的实践、现行国际法规则，本书重点关注了该草案有关国际组织与其成员间的关系、国际组织“揭开面纱”制度等问题，以促进该草案在实践中的具体适用。最后，本书对国际组织与其成员间法律责任的援引、履行以及豁免等法律责任的实施问题予以研究，从而完成了本书由学理到规则再到实施的系统性研究工作。

6.1 规律性认识

国际法律人格是构成责任法上的国际组织的实质要件之一，是否具有国际法律人格也是判断一个国际组织能否独立地承担国际责任的前提条件。在学理上和实践中，都已形成了判断国际组织是否具有法律人格的标准，这些标准在不同的案例中一再被引用和重申。

国际组织与其成员间的法律责任问题要受到国际组织内部法、国内法与国际法的三重调整。国际组织的规则是一个国际组织内部法的重要组成部分，前者又以宪章性文件为核心；国际组织的规则对于认定该组织是否具有独立的法律人格、能否独立地对外承担法律责任以及该组织与其成员之间的责任分担问题，都具有不可替代的地位与作用，这在欧盟与其成员国的法律责任分担问题上体现得尤为明显。尽管一国国内法院适用该国国内法，审理国际组织与其成员间法律责任问题的一些案例已经出现，但是这样的处理方式并不足以解决国际组织的责任问题。国内法的局限性需要通过适用国际法以弥补，然而有关国际组织责任的国际法规则仍处于形成和发展的初步阶段，在国际法上如何更好地解决国际组织与其成员间的法律责任问题仍然充满争议。

联合国国际法委员会审议通过的《国际组织的责任条款草案》为有关国际法规则、制度的发展指引了方向，也是对现有国际法相关理论与实践的一次编纂和总结。该草案在借鉴《国家责任条款草案》的基础上，全面地规定了国际组织责任的国际法规则和制度，这些一般性规则都适用于处理国际组织与其成员之间的法律责任问题，包括了该草案对于国际组织内部关系、“揭开面纱”制度、成员的对外责任以及如何适用“反措施”制度等方面的尝试性创新与发展。

一般情况下，具有法律人格的国际组织应独立地对外承担国际责任，但在特定条件下，国际组织的法律人格可能被否定，其成员也应对外承担法律责任。这不仅是国际组织“揭开面纱”制度内涵的要求，也在一定程度上联通了国际组织责任法与国家责任法相互之间的转换关系，极大地丰富了国际责任法的内容。

6.2 发展趋势

当下，纵观国际组织与其成员间法律责任的学理、规则与制度的现状，这一问题在将来仍然要面临诸多挑战，具体包括：

(1) 规则滞后学理。一方面，有关国际组织与其成员间法律责任问题的学理非常丰富，而且研究的起步早，这在早年法官们审理“Westland Helicopters and AOI 系列案”与“International Tin Council 系列案”过程中对于权威学者学说的引用和辨析便能看出。然而，另一方面关于这一问题的国际法规则与制度的发展则远远落后于其学理发展，联合国国际法委员会的编纂与发展工作主要是在 2001 年二读通过《国家责任条款草案》后才得以开展。即使《国际组织的责任条款草案》现在得以二读通过，但这也只是建议性质的草案，并无法律约束力，有关规则和制度要发展成为一般国际法，似乎仍有漫长的路程要走。学理与规则的严重脱节不利于国际组织相关实践的发展，因为这可能导致实践中先进的学理流于纸面，而不完善的规则却得以落实，并可能产生不公平的结果。

(2) 制度尚为雏形。只有系统性的规则才能发展为一种制度，而后者根据“整体大于各部分之和”的哲学原理又具有超越于具体规则的整体功能。国际组织与其成员间法律责任有关规则的发展滞后性，又进一步阻碍了有关制度的形成。例如，《国际组织的责任条款草案》中有关国际组织“揭开面纱”的规则只有寥寥数条，这些条款之间尚未能浑然一体而彼此照应，因而也很难断定这一制度已经形成，最明显的就是“揭开面纱”的法律后果并不明确。客观地说，该草案在许多制度的建立方面也仅仅是用规则开了个头，这些制度尚处于雏形阶段，难以发挥制度的整体功能，更难以全面、完善地适用于有关实践中。

（3）实践仍不丰富。国际组织的出现和发展始于 20 世纪初，而国际组织法的形成与发展则是近期的事。这就使得国际组织责任的有关实践远远少于国家责任，在许多方面，目前国际组织的实践仍不足以支撑整个国际组织责任法的发展，联合国国际法委员会在编纂《国际组织的责任条款草案》过程中也大量地借鉴和引用了国家责任方面的实践和案例。实践的不丰富，在国际组织与其成员间的法律责任问题这一经典难点问题上，更加突出。缺乏实践的支撑，许多国际组织的特别规则、制度就难以形成，完全依赖于学理则又难以获得定论，并且不能保证相关规则、制度能够完全适用于实践。例如，学理上对于在哪些条件下，国际组织的成员应当对外承担责任有所探讨，但是这些条件在国际组织的实践中究竟是否可能发生、可能怎样发生、发生的情况又可能具体包括哪些等，这些问题都无法依赖于学理上的推理，而只能通过丰富的实践来回答。

挑战的存在既使得国际组织责任法的发展充满变数和曲折，同时也为其在未来的发展提供了方向、动力和路径，这些又可能形成这一新的国际组织法部门在未来的发展趋势。

（1）由学理导向走向规则导向。国际组织责任法作为一个法律部门，不应仅仅停留于纸面学理的发展，其成熟程度应以规则、制度的完整性、合理性和实效性为标准。这就要求国际组织责任法在未来应逐渐从学理导向的发展模式，向以规则导向的发展模式转变，从而真正发展成为一种“活的法律”，在国际组织实践中发挥制度性作用。联合国国际法委员会关于《国际组织的责任条款草案》的编纂工作，已经为此奠定了基础，但是这还远远不够，日后还需要国际组织的努力和国际社会的配合。

（2）由国家导向走向国际组织导向。目前的国际责任法体系仍是以国家责任为主要内容，以国家的实践为导向，这是由国家主导着国际社会的客观现实所决定的。国际组织责任法的编纂和发展也未能摆脱国家导向的影响，甚至在一定程度上依赖着这一思维模式，从而将许多国家责任规则类比适用于国际组织的责任，这也是国际组织责任法刚刚起步的发展特点之一。逐渐摆脱国家导向的思维模式，进而建立起以国际组织为导向的思维模式，是国际组织责任法的走向独立化和成熟化的必然要求。

（3）通过实践不断丰富、深化和完善制度。随着国际组织实践的增多、深化和丰富，国际组织责任法上的有关制度也得以汲取营养，不断完善。尤其是那些国际组织责任法上的特别制度，只有通过大量的国际组织实践，从中归纳出规律性认识，加以理论化和规则化，才能够真正获得实际效果。对于年轻的国际组织责任法而言，从实践到理论到规则再到实践的过程仍在继续。

6.3　对中国国际组织实践的影响

国际组织的实践与其成员的行为密不可分，因而国际组织责任法的发展必然对后者产生重要的影响，更何况如何合理地处理国际组织与其成员之间的关系，包括二者之间的责任关系，始终是国际组织法与国际组织责任法上的重点和难点问题之一。

随着中国国际组织实践的日益丰富，其在国际组织中的地位也不断提升。中国应当作为“负责任的大国”，[1]参与到国际组织的实践中，自觉遵守国际法规则、积极参与国际组织活动、努力深化国家间合作，共同应对全球性问题的挑战。上述这些价值理念与国际组织责任法的基本价值高度统一，国际组织责任法的发展将对中国的国际组织实践产生深远的影响。

---

〔1〕 中国在国际社会中的责任问题，是随着中国经济的发展、地位的提升以及全球性问题带来了新的挑战而出现的。2005 年 9 月，美国前任副国务卿佐立克在一次讲话中，希望中国成为“负责任的利益攸关方”，从而最先提出了中国的国际责任问题。早在 1997 年 10 月，时值亚洲金融危机爆发，中国前国家主席江泽民在访问美国期间就多次强调，在事关人类生存与发展重大问题上，中国与美国肩负着共同的国际责任。之后，“国际社会负责任大国”这一新的外交理念被提出；多年以来，国际社会也逐渐接受了中国的这一新身份。对于“负责任的大国”的具体内涵和内容，中国政府并没有作出官方正式的界定与阐释，国际关系、国际政治学界对此有所探讨。其中，比较有代表性的观点包括：认为“负责任的大国观”包括“对国际体制的积极参与，承认相互依存是国际关系中的客观现实，承认在某些情况下可能弱化国家主权以解决某些全球性问题等新内容”。参见［美］江忆恩：“中国参与国际体制的若干思考”，载《世界经济与政治》1999 年第 7 期。认为“负责任的大国观”要求大国认同多元化共处和相互依存为当今国际社会的基本特征，寻求国际社会的共同安全；承认大小国家一律平等；主要用和平的即外交、经济、文化的方式，避免武力和武力威胁，追求国家利益，以多边对话、平等协商达至国家利益和国际社会共同利益的相对平衡；积极参与国际体制的建立、发展和完善，遵循已有的国际体制，建设更公正、合理的国际机制和国际秩序；积极推动国际合作；为解决全球性问题，承担更多的责任等等。参见曲从文：“负责任的大国观”，载《世界经济与政治》2002 年第 10 期。认为作为“负责任的大国”，中国的责任包括：把中国自己的事办好；根据国际规则所承担的责任；应对人类面临共同挑战的责任；在促进和平与发展中的责任。参见吴建民：“中国是一个负责任的大国”，载《人民日报（海外版）》2007 年 3 月 22 日。此外，作为“负责任的大国”，中国的有关外交实践可参见李慧明：“国际社会的负责任大国——当代中国的身份诉求与实践建构”，载《国际关系学院学报》2008 年第 1 期；郑兴、张东亚：“中国：一个‘负责任的大国’”，载《人民日报（海外版）》2007 年 12 月 4 日。

（1）提高责任意识，遵守国际法规则。这就要求中国充分关注、研究和掌握国际组织责任法的有关规则和制度，并落实到其国际组织实践中，自觉遵守国际法规则和制度。作为国际组织的重要成员国，中国不仅应关注其享有的权利，也应当提高责任意识，将国际责任意识与“负责任的大国”理念相结合，切实履行国际义务，提高自身对于国际组织的贡献，勇于承担国际责任。这些都是“负责任的大国”最基本的要求，也是中国在国际社会中充当“建设者”，甚至进一步发展成为“引领者”的前提条件。

（2）“负责任”地参与国际组织行动〔1〕。国际组织法的发展表明，在一定条件下，成员国应当为国际组织的不法行为承担法律责任。“负责任”地参与国际组织的行动，一方面要求中国理性地参与决策、谨慎地参与行动，这对于肩负着维持国际和平与安全主要责任的联合国安理会常任理事国而言，尤为重要。例如，中国近年来对联合国维和行动的支持，已经成为派出人数最多的国家之一。〔2〕另一方面，中国也应学会适时地预

〔1〕 2013年9月5日，中国国家主席习近平在俄罗斯圣彼得堡举行的二十国集团领导人峰会第一阶段会议上，关于世界经济形势的发言《共同维护和发展开放型世界经济》中多次使用了“负责任”的表述。例如：“塑造这样的世界经济，需要二十国集团各成员建设更加紧密的经济伙伴关系，肩负起应有的责任。”“采取负责任的宏观经济政策。”“中国采取的经济政策既对中国经济负责，也对世界经济负责。”经济层面的“负责任”，既是中国全面参与国际事务、应对全球性问题的一个方面，也是后者的前提条件之一。参见“共同维护和发展开放型世界经济——在二十国集团领导人峰会第一阶段会议上关于世界经济形势的发言”，载《人民日报》2013年9月6日。

〔2〕 1990年4月，中国人民解放军向联合国停战监督组织派遣5名军事观察员，这是中国第一次参与联合国主导的维和行动。截至2009年11月，中国已累计派出14 650人次维和官兵，参与了联合国18项维和行动；已有3名军事观察员和5名士兵在执行联合国维和任务中牺牲。参见新华网：“中国目前为派出联合国维和部队人数最多的安理会常任理事国”，载 http://news.xinhuanet.com/mil/2009-11/20/content_12511003.htm，2013年9月20日访问。

见责任风险，有效地降低责任风险发生的概率，并合法合理地将这一风险约束在可控制的范围之内。

（3）引导国际组织“负责任”地发展。作为国际组织的重要成员国，中国有责任引导国际组织“负责任”地发展，使其决策、行动与活动符合该组织的目的、宗旨与权限，符合包括国际组织的规则在内的国际法的规定，符合多数成员国以及国际组织的自身利益需求，从而将“负责任的大国”这一价值理念统一于国际组织的发展实践之中。中国还应在国际组织中发挥积极的影响和作用，加强与有关国家、国际组织之间的多边合作，利用国际组织的职能、平台与资源，与国际社会共同应对全球气候变化、跨国环境的保护、传染性疾病的防控、打击恐怖主义活动、应对世界金融危机以及大规模自然灾害等全球性问题的挑战，为世界和平稳定发展繁荣做出重要贡献。[1]国际组织的议题由传统安全领域扩展至非传统安全领域，反映了国际组织职能重心的变化，这也是21世纪以来国际组织发展所呈现的趋势之一。

总之，国际组织责任法的发展和适用与中国践行“负责任的大国”的价值理念，应当呈现出一种良性互动的关系。只有在国际组织责任法发展与适用的实践中，中国“负责任的大国”的价值理念才能得以充分展现；反之，中国践行“负责任的大国”这一价值理念本身也是对国际组织责任法发展的一种贡献。二者高度统一于国际社会的共同利益与国际法的正义价值。

---

〔1〕 2013年9月6日，中国国家主席在俄罗斯圣彼得堡会见美国总统奥巴马，奥巴马表示：“我愿重申，美国欢迎中国继续和平发展、在国际上发挥负责任的作用。”参见：“习近平会见美国总统奥巴马”，载《人民日报》2013年9月7日。

6.4　国际组织与中国新型关系的构建

随着综合国力的增强，中国在国际组织中的地位显著提升，如何以此为契机，既与传统大国保持良好的合作关系，又能进一步提高中国在国际组织中的话语权和影响力，与国际组织构建一种互动、互利的新型关系，积极引领国际组织的发展，势必成为一项重要的议题。

（1）中国国际组织地位的提升与大国关系。近年来，中国在许多重要国际组织中的地位得到了显著提升。在国际组织重要职位担任方面，按照惯例，联合国副秘书长、世界银行副行长、国际法院法官、联合国国际法委员会委员等职位中必有中国籍公民担任。近年来，中国人士成功当选世界卫生组织总干事、国际民航组织秘书长等国际组织要职，无疑将为中国与此类组织开展更加密切的互动与合作、发挥国际组织职能中的中国元素创造积极条件。

在国际金融领域，经国际货币基金组织执行董事会批准，人民币与美元、欧元、日元、英镑一起，成为特别提款权“货币篮”之一。根据国际货币基金组织 2010 年份额和治理改革方案，中国在该组织中的投票权将从 3.8%上升到 6%，成为第三大成员国。同时，其他主要新兴经济体，如印度、俄罗斯和巴西在该组织中的份额也跻身前十。尽管欧洲国家的份额普遍降低，美国的投票权虽从目前的 16.75%下降到 16.5%，但依旧保持了超过 15%的重大决策否决权。〔1〕

可见，由于现实需要，传统大国在作出利益妥协的同时，

---

〔1〕“美国国会通过 IMF2010 年份额和治理改革方案”，载新华网 http://news.xinhuanet.com/world/2015-12/19/c_128546762.htm，2016 年 8 月 20 日访问。

在重要的国际组织中仍保持着较大的力量优势，中国在这些国际组织中地位的提升需要与大国开展对话与合作，大国关系也是中国与国际组织构建新型关系重要的影响因素之一。如果没有美国国会的批准，国际货币基金组织上述改革方案仍将落空。新兴发展中国家迅速崛起的事实，既能与中国共同产生变革国际组织中力量对比格局的合力，也不失为一种大国关系背景下新的力量均衡。

（2）“权责”理念的树立与中国的国际组织话语权。随着中国在国际组织中地位的显著提升，其责任也在不断强化。根据 2016~2018 年联合国经常预算与维和行动预算的分摊，中国在联合国的经常预算分摊比例从 5.15%大幅上升至 7.92%，次于美国、日本，居会员国第三位；维和行动预算分摊比例将超越日本，达到 10.29%，仅次美国，居会员国第二位。[1]在参与联合国维和行动方面，自 1990 年首次向联合国派遣维和人员以来，中国也是向联合国派遣维和人员数量最多的安理会常任理事国，二十多年来中国维和人员的足迹遍布刚果（金）、利比里亚、黎巴嫩、马里、南苏丹等国家和地区。

一方面，有权力必有责任，反之亦然，这是中国在国际组织实践中树立“权责”理念、保持权力与责任一致性的必然要求。既不能强调权力规避责任，也不能承担与国家实力、地位不相称的责任。另一方面，如何通过责任的承担和履行，提高话语权分量，发挥潜在的影响力，进而产生一种隐形的支配力，也是在国际组织中行使国家权力的重要方式。多年来，围绕着

〔1〕 United Nations Secretariat, “Assessment of Member States’ Advances to the Working Capital Fund for the Biennium 2017-2017 and Contributions to the United Nations Regular Budget for 2016”，载联合国网站：http://www.un.org/ga/search/view_ doc.asp?symbol=ST/ADM/SER.B/932，2016 年 8 月 20 日访问。

联合国安理会的改革议题，德国、日本、巴西等国一直努力成为新的常任理事国，正是基于它们对联合国承担的责任。但是，受到国际关系复杂因素的影响，权责一致性在许多国际组织决策机制中仍难以得到贯彻，新兴大国要求改革现状的呼声不绝于耳。

国际组织话语权的提升、决策机制的变革均与该组织宪章性文件、议事规则、程序惯例等密切相关，如何合理、灵活运用这些规则、程序维护自身权益、贯彻国家意志也是不可或缺的技能之一。积极参与国际组织规则的制定，则有利于变被动服从为主动创设，有利于在有关谈判、博弈中占得先机、形成优势地位，这也需要更加注重国际组织法的研究与实践。

（3）中国的经济、地区影响力与国际组织的引领。中国在国际组织中的地位和作用，应沿着从“参与者”到“建设者”直至“引领者”的路径转变和演进，但这一过程显然不会一蹴而就。从中国的经济、地区影响力着手，是当下一种循序渐进的现实选择。

以新兴的论坛性国际组织为例，2008 年“国际金融海啸”爆发后，主要由西方发达国家组成的 G8 仍主导着国际政治与安全政策的制定权，甚至充当了执行西方国家对他国施加压力、实施制裁的工具。[1]而具有更加广泛成员基础的 G20 则主要在世界经济、金融政策领域发挥着作用，包括建立国际金融稳定机制、应对全球经济危机、改革世界银行和国际货币基金组织等重要议题都被纳入其体系之中，为二战之后国际金融体系的变革和完善做出了巨大的贡献。现今，以中国经济在全球的影响力，G20 显然是其展示实力、参与世界经济政策制定的主要舞台。

〔1〕 2014 年 3 月，G7 国家在荷兰海牙召开特别会议，决定不参加原定于俄罗斯索契召开的峰会。此后俄罗斯没有参加比利时布鲁塞尔、日本伊势志摩峰会。

中国在亚洲地区的影响力也将促其引领地区性国际组织的发展。在中国的倡导推动下，21 个首批意向创始成员国共同决定成立亚洲基础设施投资银行，致力于亚洲区域的建设互联互通化和经济一体化的进程。根据正式生效的亚投行协定，该组织拥有 57 个亚洲域内、域外创始成员国，中国将持有其最多的股份份额。[1]未来亚投行不仅将成为中国发挥地区金融影响力的崭新平台，更为中国在国际金融体系中一展身手提供了契机。其他地区性国际组织也是中国在政治、安全、文化等领域发挥地区影响力的主要载体，如上海合作组织在维护、保障本地区和平、安全与稳定方面发挥着重要作用。

国际组织在倡导国际社会共同应对全球气候变化、跨国环境保护、传染性疾病的防控、打击恐怖主义活动、应对世界金融危机以及大规模自然灾害等全球性问题，承担着不可替代的职能和责任。通过与国际组织在不同领域的互动，中国将向国际社会展示一个“负责任大国”的形象和力量。

总之，国际组织的发展特点和趋势，论坛性组织的平等性、灵活性与有效性，都将为中国充分运用其机制框架，在国际规则、政策的制定方面提升话语权和影响力，引领国际合作提供新契机、新机制。以中国为代表的新兴大国可以充分运用这些优势，将其作为向世界传声的平台，改善国际话语体系格局，提升新兴大国的话语权。中国将 G20 领导人杭州峰会的主题确定为“构建创新、活力、联动、包容的世界经济”，同时将应对气候变化、可持续发展、反对贸易保护主义等热点议题纳入其中，[2]既回应了国际社会的普遍关切，又符合发展中国家的实际需求。

---

〔1〕“亚投行问世啦!”，载《人民日报（海外版）》2015 年 12 月 26 日。

〔2〕“世界对 G20 杭州峰会寄予厚望”，载《参考消息》2016 年 8 月 30 日。

参考文献

一、国际条约

[1] Charter of the United Nations.

[2] Convention on International Liability for Damage Caused by Space Objects.

[3] Statute of the International Court of Justice.

[4] United Nations Convention on the Law of the Sea.

[5] Vienna Convention on the Law of Treaties.

[6] Vienna Convention on the Law of Treaties between States and International Organizations or between International Organizations.

二、国际法委员会条款草案及报告

[1] Comments and Observations Received from Governments and International Organizations, 63rd session of the International Law Commission (2011).

[2] Draft articles on Responsibility of States for Internationally Wrongful Acts, with Commentaries, Yearbook of the International Law Commission, 2001, vol. Ⅱ, Part Two

[3] Draft Articles on the Responsibility of International Organizations, with Commentaries, Yearbook of the International Law Commission, 2011, vol. Ⅱ, Part Two.

[4] Eight Reports of the Special Rapporteur, Giorgio Gaja, from 55th session of the ILC (2003) to 63rd session of the ILC (2011).

三、国际法研究院决议及报告

[1] Contracts Concluded by International Organizations with Private Persons, Session of Oslo, 1977.

[2] Judicial Redress Against the Decisions of International Organs, Session of Amsterdam, 1957.

[3] Obligations and Rights erga omnes in International Law, Krakow Session, 2005.

[4] Responsibility and Liability under International Law for Environmental Damage, Session of Strasbourg, 1997.

[5] The Application of the Rules of the General International Law of Treaties to International Agreements Concluded by International Organizations, Session of Rome, 1973.

[6] The Legal Consequences for Member States of the Non-fulfilment by International Organizations of their Obligations toward Third Parties, Session of Lisbonne, 1995.

[7] The Preliminary, Provisional and Final Reports of the Fifth Commission, Annuaire, Vol. 66, i, 1995, ii, 1996.

四、学者著作

(一) 中文专著

[1] 董保城:《国家责任法》,神州图书出版有限公司 2002 年版。

[2] 贺其治:《国家责任法及案例浅析》,法律出版社 2003 年版。

[3] 黄德明:《现代外交特权与豁免问题研究》,武汉大学出版社 2005 年版。

[4] 李浩培:《条约法概论》,法律出版社 2003 年版。

[5] 李寿平:《现代国际责任法律制度》,武汉大学出版社 2003 年版。

[6] 梁守德、洪银娴:《国际政治学理论》，北京大学出版社2000年版。
[7] 梁淑英主编:《国际法学案例教程》，知识产权出版社2003年版。
[8] 梁西:《国际组织法（总论）》，武汉大学出版社2001年版。
[9] 梁西著，杨泽伟修订:《梁著国际组织法》（第6版），武汉大学出版社2011年版。
[10] 刘德斌主编:《国际关系史》，高等教育出版社2003年版。
[11] 牟文富:《核不扩散条约下的国家责任》，四川大学出版社2011年版。
[12] 饶戈平主编:《国际组织法》，北京大学出版社1996年版。
[13] 王杰等主编:《全球治理中的国际非政府组织》，北京大学出版社2004年版。
[14] 王铁崖主编:《国际法》，法律出版社1995年版。
[15] 王秀梅:《国家对国际社会的整体义务》，法律出版社2009年版。
[16] 伍亚荣:《国际环境保护领域内的国家责任及其实现》，法律出版社2011年版。
[17] 武心波主编:《大国国际组织行为研究》，上海人民出版社2010年版。
[18] 杨洁勉主编:《国际体系转型和多边组织发展——中国的应对和抉择》，时事出版社2007年版。
[19] 杨泽伟:《国际法》（第2版），高等教育出版社2012年版。
[20] 杨泽伟:《国际法析论》（第3版），中国人民大学出版社2011年版。
[21] 曾令良:《欧洲联盟法总论——以〈欧洲宪法条约〉为新视角》，武汉大学出版社2007年版。
[22] [奥] 阿·菲德罗斯:《国际法》（上下册），李浩培译，商务印书馆1981年版。
[23] [英] 詹宁斯、瓦茨修订:《奥本海国际法》（第1卷第1分册），王铁崖等译，中国大百科全书出版社1995年版。

（二）中文论文

1. 期刊论文

[1] 戈雷:“国际组织对第三方的责任”，载王铁崖、李兆杰主编:《中国

国际法年刊》，法律出版社 2002 年版。
[2] 黄瑶："国际组织责任与国家责任规则之比较——以联合国国际法委员会有关条款草案为视角"，载《法学评论》2007 年第 2 期。
[3] 李慧明："国际社会的负责任大国——当代中国的身份诉求与实践建构"，载《国际关系学院学报》2008 年第 1 期。
[4] 李莹："现代国际责任制度新发展探析"，载《现代国际关系》2003 年第 4 期。
[5] 李赞："国际组织豁免的理论依据"，载《北方法学》2011 年第 3 期。
[6] 刘宏松："中国的国际组织外交：态度、行为与成效"，载《国际观察》2009 年第 6 期。
[7] 慕亚平、郑艳："论国际组织的国际法律责任"，载《中山大学学报（社会科学版）》1999 年第 3 期。
[8] 曲从文："负责任的大国观"，载《世界经济与政治》2002 年第 10 期。
[9] 饶戈平："论全球化进程中的国际组织"，载《中国法学》2001 年第 6 期。
[10] 盛红生："从诉讼角度考察国际组织的法律人格"，载《法学评论》2010 年第 1 期。
[11] 孙萌："论国家责任制度在联合国组织的适用"，载《中国法学》2005 年第 1 期。
[12] 万霞："《国际组织的责任条款草案》述评"，载《外交评论》2010 年第 2 期。
[13] 王立君："国际组织责任的若干问题评析"，载《法学评论》2010 年第 4 期。
[14] 吴慧："论国际责任的承担"，载《国际关系学院学报》1999 年第 4 期。
[15] 谢海霞："论国际组织在内国法院的豁免权"，载《北京行政学院学报》2012 年第 5 期。
[16] 张卫彬："国际组织法律人格滥用视角下的成员国责任"，载《法学论坛》2010 年第 3 期。

[17]［美］江忆恩："中国参与国际体制的若干思考"，载《世界经济与政治》1999年第7期。

2. 学位论文

[1] 李红："国际组织的责任"，中国政法大学2006年博士学位论文。

[2] 李俊义："非政府间国际组织的国际法律地位研究"，华东政法大学2010年博士学位论文。

[3] 王璐："国际组织成员国对第三方的责任"，厦门大学2007年硕士学位论文。

[4] 张磊："外交保护国际法律制度研究"，华东政法大学2001年博士学位论文。

3. 报刊文章

[1] 李东燕："参与者、建设者、贡献者——中国定位国际组织新角色"，载《人民日报》2010年11月8日。

[2] 吴建民："中国是一个负责任的大国"，载《人民日报（海外版）》2007年3月22日。

[3] 张海滨："世界形势变化促国际组织转型"，载《人民日报》2010年11月8日。

[4] 郑兴、张东亚："中国：一个'负责任的大国'"，载《人民日报（海外版）》2007年12月4日。

（三）英文专著

[1] C. F. Amerasinghe, *Principles of the Institutional Law of International Organizations*, Cambridge University Press, 2005.

[2] S. J. Araujo & Robert John, "Objective Meaning of Constituent Instruments and Responsibility of International Organizations", in *International Responsibility Today: Essays in Memory of Oscar Schachter*, edited by Maurizio Ragazzi, Martinus Nijhoff Publisher, 2005.

[3] Ian Brownlie, *Principles of Public International Law*, Oxford University Press, 2003.

[4] Ian Brownlie, *State Responsibility*, Clarendon Press, 1983.

[5] Ian Brownlie, "The Responsibility of States for the Acts of International Or-

ganizations", in *International Responsibility Today: Essays in Memory of Oscar Schachter*, edited by Maurizio Ragazzi, Martinus Nijhoff Publisher, 2005.

[6] Antonio Cassese, *International Law*, Oxford University Press, 2005.

[7] James Crawford, *The ILC's Article on State Responsibility: Introduction, Text and Commentaries*, Cambridge University Press, 2002.

[8] James Crawford, *The Law of International Responsibility*, Oxford University Press, 2010.

[9] Christian Dominicé, "The International Responsibility of the United Nations for Injuries Resulting from Non-Military Enforcement Measures", in *International Responsibility Today: Essays in memory of Oscar Schachter*, edited by Maurizio Ragazzi, Martinus Nijhoff Publisher, 2005.

[10] Datrick Dumberry, *State Succession to International Responsibility*, Martinus Nijhoff Publisher, 2007.

[11] Malcolm D. Evans, *International Law*, Oxford University Press, 2010.

[12] Dame Rosalyn Higgins, "The International Court of Justice: Selected Issues of State Responsibility", in *International Responsibility Today: Essays in Memory of Oscar Schachter*, edited by Maurizio Ragazzi, Martinus Nijhoff Publisher 2005.

[13] M. Hirsch, *The Responsibility of International Organizations Toward Third Parties: Some Basic Principles*, Martinus Nijhoff Publisher 1996.

[14] J. Klabbers, *An Introduction to International Institutional Law*, Cambridge University Press, 2002.

[15] Jan Klabbers & Asa Wallendahl (ed.), *Research Handbook on the Law of International Organizations*, Edward Elgar, 2011.

[16] Anna-Karin Lindblom, *Non-Governmental Organizations in International Law*, Cambridge University Press, 2005.

[17] Maurice Mendelson, "The Definition of 'International Organization' in the International Law Commission's Current Project on the Responsibility of International Organizations", in *International Responsibility Today: Essays in*

Memory of Oscar Schachter, edited by Maurizio Ragazzi, Martinus Nijhoff Publisher 2005.

[18] René Provost, *State Responsibility in International Law*, Ashgate/Dartmouth, 2002.

[19] Maurizio Ragazzi (ed.), *International Responsibility Today: Essays in memory of Oscar Schachter*, Martinus Nijhoff Publisher, 2005.

[20] August Reinisch, *International Organizations before National Courts*, Cambridge University Press, 2000.

[21] Emmanuel Roucounas, "Non-State Actors: Area of International Responsibility in Need of Further Exploration", in *International Responsibility Today: Essays in memory of Oscar Schachter*, edited by Maurizio Ragazzi, Martinus Nijhoff Publisher 2005.

[22] Philippe Sands & Pierre Klein, *Bowett's Law of International Institutions*, Sweet & Maxwell, 2009.

[23] H. G. Schermers & N. M. Blokker, *International Institutional Law*, Martinus Nijhoff Publisher, 2011.

[24] Malcolm N. Shaw, *International Law*, Cambridge University Press, 2008.

[25] Stefan Talmon, "Responsibility of International Organizations: Does the European Community Require Special Treatment?", In *International Responsibility Today: Essays in Memory of Oscar Schachter*, edited by Maurizio Ragazzi, Martinus Nijhoff Publisher, 2005.

[26] Peter Willetts, *Non-government Organization in World Politics*, Routledge, 2010.

[27] Rüdiger Wolfrum, "State Responsibility for Private Actors: An Old Problem of Renewed Relevance", in *International Responsibility Today: Essays in Memory of Oscar Schachter*, edited by Maurizio Ragazzi, Martinus Nijhoff Publisher, 2005.

[28] Nigel D. White, *The Law of International Organizations*, Manchester University Press, 2005.

[29] Hanqin Xue, *Transboundary Damage in International Law*, Cambridge U-

niversity Press, 2003.

[30] Sienho Yee, "The Responsibility of States Members of an International Organization for its Conduct as a Result of Membership or their Normal Conduct Associated with Membership", in *International Responsibility Today: Essays in Memory of Oscar Schachter*, edited by Maurizio Ragazzi, Martinus Nijhoff Publisher, 2005.

（四）英文论文

[1] Jean d' Aapremont, "Abuse of the Legal Personality of International Organizations and the Responsibility of Member Stares", *International Organizations Law Review*, Vol. 4, 2007.

[2] C. F. Amerasinghe, "Liability to Third Parties of Member States of International Organizations: Practice, Principle and Judicial Precedent", *American Journal of International Law*, Vol. 85, 1991.

[3] C. F. Amerasinghe, "The Responsibility of International Organizations toward Third Parties by Moshe Hirsch", *International and Comparative Law Quarterly*, Vol. 45, No. 3, 1996.

[4] J. D. Aspremont, "Abuse of the Legal Personality of International Organizations and the Responsibility of Member States", *International Organizations Law Review*, Vol. 4, 2007.

[5] N. Blokker, "Abuse of the Members: Questions Concerning Draft Article 16 of the Draft Articles on Responsibility of International Organizations", *International Organizations Law Review*, Vol. 7, 2010.

[6] Gerard Conway, "Breaches of EC Law and the International Responsibility of Member States", *European Journal of International Law*, Vol. 13, No. 3, 2002.

[7] Vera Gowlland-Debbas, "Is the UN Security Council Bound by Human Rights Law? Remarks by Vera Gowlland-Debbas", *Proceedings of the Annual Meeting* (American Society of International Law), Vol. 103, 2009.

[8] Gerhard Hafner, "Accountability of International Organizations", *Proceedings of the Annual Meeting* (American Society of International Law), Vol. 97,

2003.

[9] Matthias Hartwig, "International Organizations or Institutions, Responsibility and Liability", *Max Planck Encyclopedia of Public International Law*, Heidelberg and Oxford University Press, 2012.

[10] M. Herdegen, "The Insolvency of International Organizations and the Legal Position of Creditors: Some Observations in the Light of the International Tin Council Crisis", *Netherlands International Law Review*, Vol. 35, 1988.

[11] Frank Hoffmeister, "Litigating Against the European Union and Its Member States – Who Responds under the ILC's Draft Articles on International Responsibility of International Organizations?", *European Journal of International Law*, Vol. 21, No. 3, 2010.

[12] William E. Holder, "International Organizations: Accountability and Responsibility", *Proceedings of the Annual Meeting* (American Society of International Law), Vol. 97, 2003.

[13] Jan Klabbers, "The Bustani Case before the ILOAT: Constitutionalism in Disguise?", *International and Comparative Law Quarterly*, Vol. 53, No. 2, 2004.

[14] Jan Klabbers, "The Paradox of International Institutional Law", *International Organizations Law Review*, Vol. 5, 2008.

[15] Jan Klein, "International Organizations or Institutions, Internal Law and Rules", *Max Planck Encyclopedia of Public International Law*, Heidelberg and Oxford University Press, 2012.

[16] P. J. Kuyper, "Introduction to the Symposium on Responsibility of International Organizations and of (Member) States", *International Organizations Law Review*, Vol. 7, 2010.

[17] Zhenmin Liu, "Statement on Expulsion of Aliens, Effects of Armed Conflicts on Treaties, Responsibility of International Organizations (2007)", *Chinese Journal of International Law*, Vol. 7, No. 2, 2008.

[18] Xinmin Ma, "Statement on the ILC's Work on Shared Natural Resources and Responsibility of International Organizations", *Chinese Journal of In-*

ternational Law, Vol. 6, No. 3, 2007.

[19] A. Reinisch, "Aid or Assistance and Direction and Control between States and International Organizations in the Commission of Internationally Wrongful Act", *International Organizations Law Review*, Vol. 7, 2010.

[20] August Reinisch, "Securing the Accountability of International Organizations", *Global Governance*, Vol. 7, 2001.

[21] H. G. Schermers, "Liability of International Organizations", *Leiden Journal of International Law*, Vol. 1, 1988.

[22] Henry G. Schermers, Niels M. Blokker, "International Organizations or Institutions, Membership", *Max Planck Encyclopedia of Public International Law*, Heidelberg and Oxford University Press, 2012.

[23] Kirsten Schmalenbach, "International Organizations or Institutions, Legal Remedies Against Acts of Organs", *Max Planck Encyclopedia of Public International Law*, Heidelberg and Oxford University Press, 2012.

[24] Kirsten Schmalenbach, "International Organizations or Institutions, Supervision and Sanctions", *Max Planck Encyclopedia of Public International Law*, Heidelberg and Oxford University Press, 2012.

[25] Malcolm N. Shaw, "International Organizations before National Courts by August Reinisch", *American Journal of International Law*, Vol. 98, No. 3, 2004.

[26] A. Stumer, "Liability of Member States for Acts of International Organizations: Reconsidering the Policy Objections", *Harvard International Law Journal*, Vol. 48, 2007.

[27] Eisuke Suzuki, "Suresh Nanwani, Responsibility of International Organizations: The Accountability Mechanisms of Multilateral Development Banks", *Michigan Journal of International Law*, Vol. 27, 2005~2006.

[28] Karel Wellens, "Accountability of International Organizations: Some Salient Features", *Proceedings of the Annual Meeting* (American Society of International Law), Vol. 97, 2003.

[29] Karel Wellens, "Fragmentation of International Law and Establishing An

Accountability Regime of International Organizations: The Role of the Judiciary in Closing the Gap", *Michigan Journal of International Law*, Vol. 25, 2003~2004.

[30] Ralph Wilde, "Enhancing Accountability at the International Level: The Tension between International Organization and Member State Responsibility and the Underlying Issues at Stake", *ILSA Journal of International and Comparative Law*, Vol. 12, 2005~2006.

后　记

本篇“大部头”的写作终于告一段落，许多心事得以放下，心情似乎也得以轻松了许多。可是，由于写作所引发的问题与思考却远没有结束，相反，它们才刚刚开始。弗兰西斯·培根在其《论学问》一文中写道：“学问锻炼天性，而其本身又受经验的锻炼；盖人的天赋有如野生的花草，他们需要学问的修剪；而学问的本身，若不受经验的限制，则其所指示的未免过于笼统。”这段话正道出了本书写作最大的心得。

学问需要经验的支撑和验证，后者既可以从书本间接得来，也可以从亲身经历直接得来的；书本上的经验“纸上得来终觉浅”，它们只是另一种知识，显然比不上亲身体会、感受更加真切。然而，能够获得直接经验的人无疑是少数的，因而也是幸运的；这对于研究国际法学、国际组织法的人来说，更是如此。从这个意义上来说，本书的写作也受到了国际组织实践经验的诸多限制，“未免过于笼统”；它也仅仅是有关学问的一次尝试、一个开端，但愿它还具有些许价值。

现代社会，知识处于一种“爆炸”的状态，加上现代传媒、互联网的作用，“信息”无处不在。一方面，人们更加容易获取知识，知识之间的传播、交流与互动非常便利，知识的“量”

的积累应当指向某种“质”的飞跃，人们似乎应当更加容易获取真知。另一方面，人的主观条件却是有限的，这使其无法穷尽所有的知识，甚至是所有“有关的”知识，人自身的能力已经跟不上知识的高速膨胀了，这大大影响了归纳法的运用，于是知识的“堆积”多了，而“提炼”少了，人们似乎离真知越来越远。如果这样的悖论真的存在，那么这又被卡斯帕尔百年前所不幸言中：“思想逃逸了，我想把它写下来；可是我写下的只是它从我这里逃逸了。”

回忆起珞珈山下短暂而美好的“修行”时光，现实中的世界又将是另外的一番景象，读书、学问的空间正在受到多重因素的挤压，读书本身也在经受着种种考验。也许，这篇后记的“可读性”并不强，甚至还有些沉重，但“重”比“轻”要更加真切、实在，这正是我自己选择的一种标准、一种追求，一种生活标准、一种学术追求。

最后，衷心地感谢我的父母家人、良师益友，没有他们的鼓励支持，我的学术科研之路难以顺畅；感谢曾经与我讨论交流过的所有学生，所谓教学相长，常常使我得以启发，促我进步。

罗 超

2017年5月28日于南京